비로소 벗어나는
당신에게

콤플렉스에 대한 여성의 이야기

김은주

우리는 남성의 우월성을 당연하게 여기고, 스스로 모든 것을 결정하고 책임지는 자율과 자유보다는 공동체 개념인 타인과의 화합, 도리와 같은 가치를 중요하게 생각해 왔다. 요즘은 예전과는 달리 여성의 삶의 위상은 많이 개선되고 더 나아졌다.

그러나 여성들은 여전히 우리 사회의 가부장적인 여성상을 무의식적으로 내면화하여 살아가고 있다. 세뇌되고 사회화된 여성의 역할로부터 충분히 자유롭지는 못하다. 가면 속에 숨겨둔 여성의 걱정과 불안, 원망, 무력감, 그리고 심리적 스트레스 등…

인간답게 특히 여성답게 살아가야 하는 기본적인 가치나 다양한 기준이 필요하지만, 우리 사회에서는 경쟁과 성공만을 목표로 교육받아 우리는 그것을 배울 기회를 갖지 못한 것은 사실이다.

또한 요즘 대한민국에서는 청년들의 성별 갈등을 부추기고 있다. 젠더 갈라치기이다. 그래서 소통을 잇고자 불안한 젊은 세대의 삶에 있어, 우선 여성들의 심리적 콤플렉스를 분석하였다.

1장은 콤플렉스를 가지고 있는 여성들의 유형을 살펴봄으로써 우리가 미처 몰랐던 우리 안의 상처와 인간 행동의 심리를 탐색하고자 한다.

2장은 심리적 콤플렉스를 극복해온 여성들을 소개하고자 한다. 삶이 아무리 아프게 해도 이것을 용기 있게 빠져 나온 여성들의 이야기를 모았다.

마음이 불안하고 분주한 날, 괜히 나 자신이 싫은 날, 원망과 미움이 가득한 마음이 커 남 탓을 하고 싶은 날…

특히 COVID팬더믹을 겪고 있는 지금, 우리 안의 꿈틀거리고 있는 불안감과 원망, 우울에 작은 해법과 약을 발라 주고 싶은 엄마의 맘으로, 전문가적인 잔소리를 하고자 한다.

기쁨과 슬픔, 고달픔이 동시에 존재하는 것이 우리의 삶이라면, 가급적 따뜻하게 긍정적으로 삶에 다가가면 어떨까 한다. 이 책을 통해서 콤플렉스에 대한 이야기를 재미있게 접했으면 하고, 삶에서 현실적으로 도움을 받기를 바란다.

특별히 운명처럼 나에게 와서 내 보물이 되었고, 맘으로 키운 나의 사랑하는 딸의 30번 째 생일을 축하하며, 현재의 상황을 진단하고 원인을 살피고 앞으로 어떻게 인생을 살아가야 할지를 엄마 마음으로 충고하고자 한다. 그래서 그녀의 인생의 나침반이 되었음 한다.

여성들에게는 물속에서 나와야 비로소 자신이 젖어 있는 것을 아는 물고기처럼 사회화 된 물속에서 나와야 함을 말하고 싶다. 또한 남성들에게도 여성을 이해하는데 이 책이 도움되었음 한다.

"암탉이 울어야 집안이 번창한다"라는 새로운 속담을 써보지 않겠는가!

차례

Ⅰ. 콤플렉스를 가지고 있는 당신

Ⅱ. 콤플렉스를 이긴(극복한) 여성들

I

콤플렉스를
가지고 있는 당신

01

'착함'에서 벗어나지 못하는 당신에게
- 착한 여자 콤플렉스

착한 여자를 싫어하는 남자는 별로 없다. 아니, '아예 없다!' 오죽하면 남정네들은 '착한 여자'와 '능력 있는 여자' 중 선택하라면 아직도 '착한 여자'를 선택한다고 하지 않는가. 이는 우리나라만의 일도 아니다. "미국 집에서 독일 차를 타고 (남편 말 고분고분 잘 듣는) 일본 여자와 사는 게 남자에게는 최고의 행복이다"라는 말도 있다.

게다가 일본에서는 '여자력(女子力)'이라는 신조어가 2000년대 말에 생겼는데, 그 뜻이 '남자에게 잘 보이기 위한 여성스러운 매력'이라고 한다. 이 여자력을 중요하게 여기는 사람들은 젊은 여성들더러 '야마토 나데시코(大和撫子)', 즉 '청순하고 가정적이며 조신한 여자'가 되라고 강요한다. 미국에도 이렇듯 현모양처 같은 여자를 '남부 숙녀 (Southern lady)'라고 부른다는데, 미국 남부는 '인권'과 '평등'이 대세가 되어가던 19세기 중엽에도 흑인 노예들을 계속 부리겠다며 전쟁까지 일으켰던 지역임을 떠올린다면 이 '남부 숙녀'의 의미가 제대로 와 닿을 것이다.

"여자는 뭐니 뭐니 해도 착해야 해!"

사실, 동서고금을 막론하고 이런 말을 어릴 때부터 수도 없이 듣고 자란 우리 여성들은 그래서 지금도 이를 당연하게 여긴다. "반드시 착한 여자가 되어 남자의 사랑을 받아야 한다!"는 식의 사회화마저 이루어져왔다. 즉, 우리 여성들은 사회가 빚어낸 '여성의 신화'인 여성다움(여자력)에 붙잡혀 살고 있는 것이다.

그럼 '착한 여자' 혹은 '여성다운 여자'란 어떤 여자일까? 누구에게나 무엇이든 내어줄 것 같은 넓은 마음을 가진 얌전한 여자, 한마디로 '다루기 쉬운 만만한 여자'를 말한다. 순종적이고 정숙하며 덕도 갖춘 여자다. 자신의 자아를 억제하고 개성과 감정과 욕구를 희생하는 여자다.

'여자는 여자답게' 살아야 한다는 생각에 붙잡혀 살다 보니 항상 다른 사람들의 눈치를 본다. 남들에게서 '여자다운 여자'로 인정을 받기 위해 자신의 자아와 잠재력마저 감춘다. 심지어 주변의 기대에 부응하지 못하면 자신을 '못된 여자' 혹은 '한심한 여자'라는 식의 자기 폄하적인 생각까지 한다. 이것을 심리학에서는 '착한 여자 콤플렉스(Good girl complex)'라고 한다.

`01` 나는 착한 여자 콤플렉스에 빠져 있는가?

다음의 20개 문항들을 읽고 자신에게 해당된다 생각하는 것을 선택한 후 점수를 모두 더해보시라. 1점은 '전혀 그렇지 않다', 2점은 '별로 그렇지 않다', 3점은 '보통이다', 4점은 '약간 그렇다', 5점은 '정말 그렇다'를 의미한다.

1. 기분 나쁜 일이 있어도 사람들이 보는 앞에서는 내색하지 않는다.
2. '여자답다'는 칭찬을 듣기 위해 의식적으로 얌전하고 조용히 행동한다.

3. TV 드라마에서 자기 생각을 적극적으로 주장하는 여자가 남편과 갈등을 빚다가 끝내 불행해지는 내용을 볼 때 '당연해!'라고 생각한다.

4. 남자들과 잘 어울리고, 자기 의견을 분명히 말하는 여자는 싫다.

5. 여자가 먼저 남자에게 데이트 신청을 하거나 전화하는 건 여자답지 않다.

6. 여자는 가정에서 가족을 돌보고, 남자는 바깥일을 하는 것이 당연하다.

7. 여자의 가장 좋은 목표는 현모양처가 되는 것이다.

8. 미팅을 하거나 남자를 만날 때 여자답게 보이기 위해 바지보다는 치마를 입는다.

9. '규칙'이란 무조건 따라야 하는 것이며, 어겼다면 벌을 받아야 한다.

10. 학교나 단체에서 남자는 회장, 여자는 부회장을 맡는 것이 자연스럽다.

11. 진학, 결혼, 취직 등에 대해서는 주변인(부모, 남편, 남친 등)의 판단에 따르는 것이 가장 좋다.

12. 토론할 때 내 것과는 다른 의견이 있더라도 '문제를 일으키지 않기 위해' 침묵하는 편이다.

13. 하고 싶지 않은 일도 다수가 그렇게 하기로 결정했다면 그냥 그대로 따르는 편이다.

14. 지하철 같은 공공장소에서 성(性)과 관련된 이야기를 하고 싶어도, 그런 잡지 등을 보고 싶어도 주위 시선을 의식하여 참는다.

15. 여자가 남자에게 먼저 성관계를 요구하면 안 된다고 생각한다.

16. 여자는 결혼 전까지 육체적으로 순결해야 한다고 생각한다.

17. "여자 팔자는 뒤웅박 팔자(여자는 남자만 잘 만나면 된다)"라는 속담이 맞는 말 같다.

18. 여자는 결혼 잘하는 게 사회에서 성공하는 것보다 좋다.

19. 결혼 상대자(남자)는 나보다 뛰어나고, 키도 크며, 연상이기를 바란다.

20. 칭찬 받는 것을 좋아하지만, 막상 칭찬을 들으면 가식인 듯하여 기분이 나쁘다.

결과는 다음과 같습니다.

80점 이상

상냥하고 관대한 여자다. 헌신적이고 타인을 위해 잘 참으며, 자신이 착한 여자 콤플렉스에 빠진 줄도 모른다.

60점 이상

정도의 차이는 있으나, 알게 모르게 착한 여자 콤플렉스에 빠져 있다.

60점 미만

착한 여자 콤플렉스가 나타나지 않으며, 자신의 능력과 가능성을 발휘하면서 자신의 삶을 추구하는 여성이다.

02 착한 여자 콤플렉스의 어제와 오늘

대인 관계에 따른 스트레스 치료의 권위자인 심리학자 윌리엄 페즐러와 결혼 및 가정생활 세라피스트인 임상 심리학자 엘레노어 필드는 '착한 여자 콤플렉스'를 착한 여자로 키워진 여성의 마음속에 열등감, 의존감, 무기력 등으로 분노가 쌓이면서 발생하는 병적 증상이라고 말했다. 즉, 사랑과 칭찬을 받고 싶어서 자신의 욕구를 참고 스스로를 희생하는 심리 상태가 착한 여자 콤플렉스인 것이다.

그리고 어린 시절은 물론 성인이 되어서도 '여자다워야 한다'는 성 불평등적 규범에 매여 자신의 감정이나 생각을 나타내지 못하는 심리 상태와, 그에 따라 타인에게 복종하려는 행위인 소위 '내숭을 떠는 습관'을 가지게 된 것도 착한 여자 콤플렉스의 원인일 수 있다.

착한 여자 콤플렉스에 빠진 여성들은 인내와 희생을 미덕으로 여긴다. 그래서 부모형제나 남편, 자식 등 가족을 위해 자신의 성취를 희생하는 것이 당연하다고 본다. 또한 여자의 운명은 남자 손에 달려 있다고 보기에 남편의 뒷바라지를 하는 것이 여자의 의무라고 여긴다. 남편의 성공을 곧 자신의 성공이자 삶의 보람이라고 여기면서 남편의 지위에 편승한다. 그리고 여자는 '가정의 수호자'이며, 심지어 여자가 가정으로부터 독립하는 것은 위험하다고 생각한다. "접시는 밖으로 돌면 깨진다!"고 말하면서 직업을 가진 여성을 디스카운트(discount)하거나 분노를 폭발시킨다.

그런데 1990년대 여성의 삶과 2020년대 여성의 삶을 비교해보라. 명백히 다르지 않는가. 즉, 세상의 모든 게 변하듯이, 착한 여자 콤플렉스도 변한다. 1990년대에는 착한 여자 콤플렉스가 앞서 말한 것처럼 '인내와 희생은 미덕'임을 강조했다면, 2000년대로 들어오면서 착한 여자 콤플렉스는 "상황에 따라서, 그러니까 내게 필요하면 착한 여자가 된다!"는 것처럼.

사실 1990년대까지의 여성들은 착한 여자 콤플렉스 자체를 인지하지도 못했다. 그런데 2020년대의 여성들에게는 '착한 여자처럼 구는 것'이 곧 능력이 되었다. 인내와 희생이 미덕이라는 구세대의 주장에 동의해서가 아니라, 자신이 착한 여자인 척 적당히 꾸밈으로써 위기를 유연하게 넘기거나 때로는 상황을 유리하게 이끄는 것이다. 즉, 착한 여자 콤플렉스가 '전략적 처신'과 동의어가 된 것이다. 더군다나 남편이나 가정으로부터 독립적인 여성들, 사회적으로 성공한 여성들이 늘어나고 있는 오늘날에는 '여자 팔자 뒤웅박 팔자'라는 말조차 박물관으로 가 있다. 그 대신 '결혼은 선택, 연애는 필수'라는 말이 그 자리를 대신하고 있다.

03 영화에서 보이는 착한 여자 콤플렉스와 치료법

2008년작 영화 <27번의 결혼 리허설>의 여주인공 제인(캐서린 헤이글 분)은 결혼식 들러리를 27번이나 설 정도로 타인을 배려하지만, 정작 자신의 사랑과 행복에는 소극적이다. 심지어 사랑하는 남자조차 자신의 친동생에게 빼앗긴다. 무능해서일까? 하지만 아늑한 아파트와 누구나 부러워하는 경력을 보유하고, 쾌활하고 당당한 성격까지 갖춘, 뉴욕의 성공한 여성이다.

제인은 단지 자신보다 남들을 먼저 챙기는 여자다. 그래서 늘 남들의 결혼식에 매달려 있고, 정작 자신의 사랑과 행복은 찾지 못한다. 어느 날 저녁, 제인은 여느 날과 마찬가지로 두 개의 결혼식을 바삐 오가며 들러리 역할을 해낸다. 그런 그녀를 까칠한 냉소남 케빈이 흥미롭게 바라본다. 케빈은 우연히 제인의 다이어리를 손에 넣었고, 거기에 적힌 결혼식 일정 수십 개에 흥미를 품으면서 제인에게 의도적으로 접근한다.

한편, 제인의 하나뿐인 동생이자 그녀가 자신의 모든 것을 양보했던 동생 테스가 귀국하면서 제인의 완벽했던 삶은 오히려 엉망진창이 되기 시작한다. 제인 자신이 오랫동안 짝사랑했던 완소 매력남 조지가 테스에게 첫눈에 반해서다. 모든 것을 남들에게 맞춰 살아왔던 제인은 허탈해진다.

'과연 누구를 위해 나는 그 많은 결혼식들을 챙기며 들러리를 섰나?'

그래서 제인은 잃어버렸던 자신을 찾기로 결심한다. 이렇듯 오지랖이 지나치던 제인은 착한 여자 콤플렉스의 대표적인 전형적 사례다.

2006년작 영화 <로맨틱 홀리데이>는 개봉 당시 누적 관객 수가 무려 116만 7,157명을 기록했을 정도로 핫이슈가 되었다. 여주인공 아이리스(케이트 윈슬렛 분)는 《런던 데일리 텔레그래프》의 칼럼 편집자다. 아이리스는 직장상사를 좋아하지만 바람둥이인 그에게 고백도 못하는 등 수동적으로 행동한다. 심지어 그의 꼬임에 넘어갈 정도로 착한 여자 콤플렉스 캐릭터의 전형적인 모델이다.

혹시 단 2주간만이라도 다른 사람과 집을 바꿔본다면 인생이 달라질까? 그래서 영화 예고편 제작사를 운영하는 일벌레 아만다 우즈(카메론 디아즈 분)와 연말에 집을 바꾸어 살기로 한다. 아이리스는 로스앤젤레스에 있는 아만다의 멋진 저택에 만족하지만, 아만다는 영국 서리 지역에 있는 아이리스의 검소한 집에 조금 실망한다. 그러나 아만다는 우연히 찾아온 아이리스의 오빠 그레엄(주드 로 분)과 사랑에 빠진다. 셰익스피어는 이렇게 말했다고 한다.

"여행의 종착역이 곧 사랑이고, 사랑하면 눈이 먼다."

아이리스도 우연히 동네에서 길을 잃은 노인 아서 애봇(엘리 웰라시 분)을 발견하고 그를 집까지 데려다주다가 그가 유명한 영화 시나리오 작가임을 알게 되면서 친해진다. 아이리스에게 아서 애봇은 이런 조언을 해준다.

"영화에는 주인공이 있고, 조연도 있지. 당신은 분명 주인공감이야. 그런데 꼭 조연처럼 행동하잖아."

필요할 때만 찾아오는 남자를 사랑이라 믿었던 착한 여자 콤플렉스를 앓고 있는 아이리스에게 이보다 더 좋은 조언이 있을까?

04 남자는 어떤 여자에게 더 끌릴까?

－ 착한 여자라면?

남자: 이번 주말에 영화 보러 갈래요?

여자: 어머! 저도 영화 보고 싶었어요!

사실 그녀는 영화를 별로 좋아하지 않는다. 그보다 차나 한잔 마시며 서로에 대한 이야기를 나누고 싶었다. 하지만 자기주장을 하면 드센 여자로 보일까봐 그냥 남자의 의견을 따른 것이다. 그 남자에게 잘 보이고 싶었기 때문에, 착한 여자로 보이고 싶었기 때문에 그 남자가 원하리라 생각한 대답을 한 것이다.

－ 나쁜 여자라면?

남자: 이번 주말에 영화 보러 갈래요?

여자: 저는 그보다는 우선 차나 한잔 하면서 이야기
       하고 싶은데요. 어떠세요?

이로써 남자는 관계의 시작부터 여자의 의견을 알게
된다. 즉, 동등한 관계가 시작된다.

우리 여성의 문제점은 나보다는 타인(남자)의 시선과
생각을 중요하게 여긴다는 점이다. 그래서 자신이 전통적
인 덕을 갖춘, '순종적이며 여자다운 여자'라는 착각마저
하고 있다는 점이다. 그러니 착한 여자 콤플렉스에 빠져
있다는 자기 인식이 필요하다.

착한 여자 콤플렉스에서 벗어나기 위해서는 먼저 '남
녀가 평등하다'는 사회적 인식을 가지고, 여성 스스로 자
립심을 가지고서 자아실현에 도전해야 한다. 남자들의 시
선 따위를 신경 쓰다 보면 정작 내 삶은 없다. 내가 정말
무엇을 원하는지를 말하는 내 마음의 소리에 귀를 기울려
야 할 것이다.
이젠 소녀를 버려야 한다! 그래야 승리한다!!!!

05 굿바이, 착한 여자 콤플렉스!!!

많은 여성이 여성스러움과 '착한 여자' 같은 가면을 쓰고서 사회적 욕망을 숨기려 한다. 타인에게서 칭찬과 사랑을 받고 싶기 때문이다. '착한 여자'는 타인의 기대와 인정을 받을 수만 있다면 자신을 제대로 돌보지 않는다. 즉, 타인이 나를 인정해주기를 갈구한다. 그러나 '착한 여자'가 되려고 할수록 나와 타인의 경계는 모호해진다. 결국 타인의 사랑을 받기 위해 했던 모든 게 나 자신을 더 힘들게 한다는 사실과 직면한다.

그래서 회의감에 빠지다 보니 나 자신의 진짜 욕망을 직시하고서 '여자이기 이전에 독립된 자아를 갖춘 사람'으로 거듭나기로 마음먹고 착한 여자의 신화를 벗어던지려는 여성도 있다. 그러나 착한 여자 콤플렉스를 벗어버리는 건 결코 쉽지 않다. 여자아이였던 시절부터의 사회화 과정에서 무의식에까지 뿌리를 내린 '착한 여자가 되어야 한다!'는 강박관념이 내 생각과 행동을 제어하기 때문이다. 그럼 '착한 여자'는 이 멍에에서 영영 벗어날 수 없는 것일까?

타인의 칭찬과 사랑을 갈구하는 사람은 나를 사랑하지 못하는 편이다. 그렇기에 착한 사람의 삶을 살려고 노력한다면, 차라리 지금부터라도 작은 목소리라도 내는 용기를 가져야 한다. 그래도 타인의 눈치를 보느라 자신의 말을 못하는가? 그렇다면 "NO!"라는 말부터 하라. 거절하는 것도 용기가 있어야 할 수 있다. 팥쥐 엄마가 시키는 대로 뭐든 해내는 콩쥐는 그저 동화의 캐릭터일 뿐이다.

이런 깨달음이 널리 퍼지면서 '안 착한 여자'가 최근 대세로 떠오르고 있다. 심지어 "나쁜 여자가 성공도 하고 행복도 누린다"는 속설도 널리 퍼지고 있다. 물론 "꼭 나쁜 여자가 되라"고 말하려는 게 아니다. 타인이나 주변의 요구에 맞춰주느라 억지로 "YES"라고 하지는 말라는 뜻이다.

연애를 할 때도 대부분의 사람들의 예상과는 달리 미성숙한 남자들은 착한 여자에게 쉽게 질린다. 심지어 요즘 남자들의 이상형은 '나쁜 여자'라고 한다. 나쁜 여자는 대개 자기 페이스를 유지하기 때문이다. 그러니 무조건 착한 여자가 되어야겠다는 생각을 접자. 차라리 자신을 지키는 나쁜 여자가 되자!!!

06 거부할 수 없는 묘한 매력이 있는 여자

가수 이효리는 자신의 노래 <Bad Girls>에서 '나쁜 여자'의 정의를 명쾌하게 내린다.

화장은 치열하게 머리는 확실하게
허리는 조금 더 졸라매야 해
표정은 알뜰하게 말투는 쫀득하게
행동은 조금 더 신경 써야 해

이효리가 말하는 '나쁜 여자'는 '욕심이 남보다 좀 더 많은 여자, 지는 게 죽는 것보다 싫은 여자'를 말한다. 그래서 '남자들이 거부할 수 없는 묘한 매력 있는 여자'이기도 하다. 어쩌면 이효리가 말하는 나쁜 여자는 가부장적 질서에서 이상으로 여겨진 '착하고' 순종적인 여성상, 착한 여자 콤플렉스를 거부한다. 즉, <Bad Girls>는 '나쁜 여자가 성공한다'는 최근의 사회적 대세를 가볍고 통쾌하게 다룸으로써 여성의 독립심과 자신감을 북돋운다. 즉, 이 시대 여성들의 변화를 향한 욕구를 반영했다.

나쁜 여자는 착한 여자 콤플렉스에서 벗어난 여성, 자신을 가장 사랑하는 존재다. 나쁜 여자는 남자에게 의지하는 대신 '나 자신을 위하는 행복한 이기주의자'가 되는 걸 주저하지 않는다. 그래서 타인의 마음을 훔치는 전략·전술에 뛰어난 책략가다. 그렇기에 어쩌면 급변하는 한국 사회에서 살아가느라 불안하고 상실감에 시달리는 우리 여성들이 추구해야 할 존재다.

여성들 스스로 '나쁜 여자'가 되려는 행위는 이렇듯 기존의 가부장적 사회질서에 대한 상징적 저항의 일종이다. 하지만 사랑에 빠진 여성은 오랫동안 지속되어온 사회화 과정에서 강요된 '착한 여자' 가면을 벗어버리기가 어렵다. '내 남자는 내가 착한 여자이기를 바란다'는 생각 때문이다. 그러니 '착한 여자' 가면을 벗자는 다짐이 약해질 때마다 다시 나쁜 여자로 '빙의'하게 도와주는 이효리의 <Bad Girls>를 불러보자!!!

02

구원자를 기다리는 당신에게
- 신데렐라 콤플렉스

　　우리는 꿈을 꿀 때에도 꿈을 꾸고 있다는 것을 잘 인지하지 못한다. 깨고 나서야 꿈을 꾸었다는 사실을 인지한다. 나만 바라보는 멋진 왕자님을 만나 내 인생이 송두리째 바뀌는, 비참하게(?) 사는 내가 구원받는 상상도 바로 이런 꿈이다.

　　신데렐라가 왕자의 청혼을 받으면서 끝나는 마법 같은 결말은 오늘날에는 진부해 보이는 스토리다. 동서고금의 다양한 창작물에서 너무 많이 다루었기 때문이다. 하다못해 우리나라의 「콩쥐·팥쥐」와 서양의 「신데렐라 이야기」 중 어느 게 더 먼저 창작되었는지를 연구하는 이들도 있다. 하지만 그 구원의 신화는 여성의 욕망과 선망을 자

극하면서 오늘날에도 새로운 신데렐라 판타지로 거듭나고
있다.

　'여성 상위 시대'라는 오늘날에도 수많은 여성들이 여
전히 여성 특유(?)의 고질적인 의존성과 더 나아가 '여자는
능력이 없다'는 사고의 벽에 갇힌 채 누군가에게 기대거나
보호받고 싶어 한다. 그리고 이러한 소망은 결국 「신데렐
라 이야기」와 같은 판타지가 된다. 물론 가부장제 사회에
서 여성이 습득하거나 익히는 모든 규범은 당연히 남성
중심적이다. 그런 사회에서 약자일 수밖에 없는 여성은 무
리 없이 살아가기 위해 사랑과 결혼, 남편과 자녀에게 맹
목적으로 매달린다. 미국 저널리스트 콜레트 다울링은 이
를 보고 '신데렐라 콤플렉스'라는 용어를 만들어냈다.

　'신데렐라 콤플렉스'는 「신데렐라 이야기」에서 주인
공이 계모와 새언니들에게 학대를 받다가 왕자를 만나 신
분 상승을 이루는 등 삶이 하루아침에 달라진 것에서 유
래했다. 즉, 스스로 자립할 자신이 없는 여자가 자기 인생
을 변화시켜줄 왕자가 나타나기를 고대하는 의존심리를
뜻한다. 자신에게 반한 백마 탄 왕자님을 만나 잘 살 수

있으리라는 생각이 병적으로 발전하면서 나타나는 의존성 성격장애인 것이다. 남자의 경우에는 「바보 온달과 평강 공주 이야기」에서 따온 '온달 콤플렉스'라는 것이 신데렐라 콤플렉스와 비슷하다.

이렇듯 백마 탄 왕자님을 기다리게 된 이유는 여자아이였던 시절부터 '여자란 나약하니까 보호받아야 할 존재'라고 동화책 등을 통해 머릿속에 주입되었기 때문이다. 여자아이가 자신의 가치관과 사고방식을 형성하는 시기에 사회로부터 수동적인 모습, 남성에게 의존하는 모습을 주입받음으로써 자기 능력의 가능성과 자립의 욕구를 깨우치지 못한 것이다. 새끼 때부터 쇠사슬에 발이 묶인 아기 코끼리가 어른이 되어서도 약한 새끼줄로 살짝만 묶어놓아도 도망 못가는 서커스단의 코끼리가 되는 것처럼!!!

그런데 의아하겠지만, 신데렐라 콤플렉스는 고학력 여성, 특히 사회에서 왕성하게 활동하는 커리어우먼에게도 많이 나타난다고 한다. 이는 사회에서 자립하고 있는 여성들의 잠재의식에 오히려 타인에게 의존하려는 마음이 숨겨져 있기 때문이라고 한다. 명예와 권력을 누리거나 강해 보이는 외모를 가진 남성, 특히 동서고금의 전쟁영웅들이 의외로 어머니처럼 부드럽고 의지할 수 있는 여성을 찾았던 것과도 비슷하다.

마지막으로 신데렐라는 지나치게 예뻤기 때문에 구박을 받았을까? 사실, 누구에게든 자신의 존재를 타인에게서 인정받고 싶어 하는 마음인 '자기과시 욕구'가 있다. 즉, 자신의 아름다움, 재력, 권력, 인맥 등을 은근히 자랑하고 싶다는 욕망과, 타인의 경쟁력을 은근히 깎아내리려는 욕구가 본능처럼 존재한다. 어쩌면 우리가 '신데렐라 콤플렉스'라고 말하는 그것은 신데렐라에게 있었던 것이 아니라, 왕자의 시종이 갖고 온 신데렐라의 유리구두에 억지로 발을 넣기 위해 발의 일부까지 잘라냈던 새언니들에게 있었을지도 모른다.

01 인생역전을 꿈꾸는 나도 혹시?

신데렐라 콤플렉스가 있는 여자는 대개 자신이 없는 편이다. 그래서 결혼 후에는 남편에게 자신이 얼마나 필요한 존재인가를 끊임없이 어필한다. 심지어 남편을 어린애 취급하면서 남편이 자신의 필요성을 느끼게 하려고 시도한다. 그것을 그녀들은 '사랑의 잔소리'라는 것으로 포장한다. 그런데 신데렐라 콤플렉스가 심해지면 일종의 망상, 그러니까 병적이고 잘못된 판단이나 확신마저 생겨날 수 있다. 예를 들어, 여자라면 스타급 연예인 같은 유명한 남성이 자신을 열렬히 사랑한다고 믿는 식이다.

이쯤에서 '나도 혹시 신데렐라 콤플렉스가 있나?' 고민하시는 분들이 계실 것이다. 그런 분들을 위해 다음과 같은 간단한 테스트를 준비했다. 아래의 5가지 항목 중에서 3가지 이상이 포함된다면 나도 신데렐라 콤플렉스가 있는 것이다.

1. 내가 노력하지 않고도 나만 바라보는 남자가 나타나기를 소망한다.
2. 언젠가는 돈 많고 잘생긴 남자와 사귈 수 있으리라고 생각한다.
3. 내가 사랑하기보다는 사랑 받기를 원한다.
4. 돈, 외모, 성격 등 모든 것이 완벽한 남자가 이상형

이다.

5. 드라마의 여주인공에게 벌어지는 상황은 나에게도
   벌어질 수 있다.

02 백마 탄 왕자를 기다리라고 속삭이는 드라마

신데렐라 콤플렉스는 여자들이 가장 많이 가지고 있는
콤플렉스이자 사실 '가장 부끄러워하는 콤플렉스'로 꼽
힌다. 또한 가장 욕을 많이 먹는 콤플렉스이기도 하다. 그
런데 신데렐라 콤플렉스는 드라마의 소재로 자주 소비된
다. 즉, 여자들은 절대 일어날 수 없는 그런 이야기를 소
재로 한 드라마를 보면서, 여주인공과 자신을 일치시키며
대리만족을 즐긴다.

특히 재벌인 남주인공이 평범한 여주인공과 사랑에
빠진다는 비현실적인 내용의 드라마는 여자들의 기대심리
를 아주 잘 맞춰주고 있다. 이는 여성 시청자들이 그 드라
마를 보면서 '구질구질한 내 인생'을 잠시라도 잊을 수 있
기 때문이다. 그리고 그 드라마의 제작진이 의도한 대로

우리 여성들은 열광한다. 그런 드라마의 다음과 같은 대사들을 들으면 심장이 쿵 하고 내려앉으면서 영혼이 몸에서 빠져나가는 듯한 기분을 느낀다.

"사랑? 웃기지마. 이젠 돈으로 사겠어. 돈으로 사면 될 거 아냐. 얼마면 될까. 얼마면 되겠냐?"

드라마 <가을동화>에서 한태석(원빈 분)

"이 안에 너 있다."/"애기야 가자!"

드라마 <파리의 연인>에서
윤수혁(이동건 분)/한기주(박신양 분)

"너와 함께 한 시간 모두 눈부셨다. 날이 좋아서. 날이 좋지 않아서. 날이 적당해서. 모든 날이 좋았다."

드라마 <도깨비>에서 김신(공유 분)

위에 소개한 드라마들 중 <도깨비>는 2016년에 방영되었음에도 역시나 남주인공은 능력자로, 여주인공은 남성의 도움을 받는 수동적인 인물로 그리고 있다. 2004년에 방영된 전형적인 신데렐라형 드라마인 <파리의 연인> 또한 당시 최고의 화제작이었다. 2000년에 방영된 드라마 <가을동화>는 재벌의 아들을 연기한 배우 원빈을 톱스타로 만들어주었으며, 중국에서도 엄청난 인기를 끈 점에서 신데렐라 콤플렉스는 역시 한국 여자들만의 문제는 아니라는 사실을 실감케 한다.

하지만 이 작품들보다도 더 신데렐라 콤플렉스를 자극한 드라마가 있었으니, 2006년에 방영된 드라마 <내 이름은 김삼순>이다. 방송 당시 평균 시청률 36.9%, 최고 시청률은 50% 이상을 달성하기도 했던 이 드라마도, 노처녀 파티시에(제과사) 김삼순(김선아 분)이 연하의 재벌 2세 현진헌(현빈 분)과 사랑에 빠진다는 내용이다. 전형적인 신데렐라물인 러브코미디였지만 여주인공이 주체적이고 현실적인 점 등 차별 요소가 많아 인기를 끌었다.

그런데 2020년에 들면서 새로운 신데렐라 판타지가 꿈틀거리기 시작했다. 최근 10년 사이에 우리 사회가 급변하면서 '알파걸'과 '줌마렐라'라는 새로운 공주님들이 등장한 것이다. 자신의 안위는 스스로 지켜야 한다는 걸 잘 아는 이 '강한 여자'들은 자신의 운명을 스스로 개척하기 위해 성큼성큼 걸어가고 있다. 마침 현실의 여성들도 '누군가가 나를 지켜주는 삶은 없다'는 걸 깨달았다. 그래서 '신데렐라는 왕자를 만나서 잘 살게 될까?'라는 질문은 힘을 잃었다. 한국 드라마 제작진도 이에 맞춰 남성들도 '강한 여자' 혹은 '누님'이라 부르며 열광하는 이 '새로운 공주님' 모시기에 나섰다.

03 굿바이, 신데렐라 콤플렉스!!!

개인의 자율적 선택과 그에 따른 책임이 요구되는 오늘날을 살아가는 여성들은 과연 신데렐라 콤플렉스에서 자유로울 수 있을까? 현재 대한민국 20대 여성들 중 상당수는 보호벽을 구할 수 있는 취집(결혼) 대신 스스로 벌어먹고 살면서 꿈을 이루기 위한 취업을 시도하고 있다.

사실, 결혼은 과거의 여성들에게는 유일하고 합법적인 도피처였다. 그래서 지금도 우리의 어머니 세대 분들은 '여자 팔자 뒤웅박 팔자'를 되뇌며 경제적으로 성공한 남자, 재력이 있는 남자와 결혼해야 한다고 딸들에게 강조한다. 그러나 우리 여성들 중 대부분은 평범하며, 그렇기에 신데렐라가 되려는 꿈을 접고 척박한 현실에 맞서야 한다.

감나무 밑에 서서 감이 떨어지기만을 기다리는 수동적인 인간이 아니라, 직접 장대를 가져오든가 나무를 타고 올라가서 감을 따는 능동적인 인간이 되어야 한다!!! 내게 기적 같은 운이 오기를 소원하기보다, 내가 그러한 기적을 이루는 사람이 되겠다는 생각으로 자기계발에 투자해야 한다!!! 내가 스스로 할 수 있는 일조차 타인이 대신 해주는 건 당장 편하겠지만, 계속 이렇게 살다 보면 결국 바로 그 타인에게 끌려 다니며 살게 된다.

내 현실이 내가 욕망하는 것에 비해 비루할지라도 내 처지를 정확히 파악하고, 삶의 궁지에서 벗어나기 위해 정신을 바짝 차려야 한다. 그럼으로써 현실과 맞서야 한다. 이러한 도전으로 꿈과 행복을 쟁취해야 한다. 여성의 '자유를 향한 도약'은 이로써 가능해진다. 신데렐라를 대체할 '새로운 공주님'은 고단한 현실에 도전한다. 그리고 이는 신데렐라보다 '새로운 공주님'이 더욱 아름다운 이유이다!!!

04 우리 사회에서 여자의 성공이란?

그렇다면 우리 사회는 여자의 성공과 변화를 어떻게 받아들일까? '아직도 불편하다'가 정답이다. 우리 사회는 여성의 경제적 자립을 권장할 만큼 성숙하지는 못한 것이다. 그래서 요즘 20대 여성들은 남성들과 동등하게 양육되었음에도 '자립하여 꿈을 펼치고 싶다'는 의지와 '누군가(남편)에게 의지하여 편하게 살고 싶다'는 욕망에 동시에 사로잡힌 채 갈등한다.

이렇듯 성숙하지 못한 사회 현실 때문에, 우리 여성들은 타인들과 경쟁하면서 홀로 사는 게 힘들다는 것을 잘 알고 있다. 그래서 '모험도 불사하겠다!'며 용기를 내보다가도 '내 아름다움을 무기로 누군가(남자)의 도움을 받고 싶다'는 판타지에 숨으려고도 한다. 우선 우리 여성들에게 질문한다.

"자립과 성공을 위해 남자의 궁궐을 나와 이상한 나라(대한민국 사회)에서 홀로 설 수 있겠는가?"

"경제적 조건이 채워지지 않아도 남성과 사랑만으로 살 수 있겠는가?"

"아무리 노력해도 깨지지 않을 것 같은 유리천장을 부수고서 더욱 높이 올라갈 수 있을까?"

"여러분은 이 질문들에 'YES!'라고 답하고서 지금 당장 도전할 수 있는가?"

대부분의 사람들이 알다시피 창의력만 있으면 무엇이든 할 수 있고, 또 큰돈도 벌 수 있는 4차 산업혁명 시대가 왔다. 그래서 새로운 패러다임마저 요구되고 있다. 그렇다면 어른들이 강요해온 신데렐라의 삶을 살 것이 아니라, 창의력 같은 능력과 전략적 순수성과 자신의 인생을 스스로 책임지겠다는 도전정신을 갖춘, 이상한 나라로 모험을 떠나겠다는 각오를 갖춘 엘리스가 되어야 한다! 그것은 백마 탄 왕자를 기다리는 것보다 훨씬 당당하고 가치 있는 일이다. 당신은 오히려 도전하지 못하는 걸 부끄러워해야 한다.

그러니 타인, 특히 남자에게 의존하려는 마음과 두려움을 떨쳐버리고, '타인을 통해서 존재하는 것'에서 벗어나 스스로 '내가 되고 싶은 형태의 인간'이 되자! 나더러 이러지도 저러지도 못하게 만드는 신데렐라 콤플렉스에서 벗어나 힘차게 비상해보자! 자기 스스로 빛을 내는 팅커벨이 되자!!!

03

바비 인형을 꿈꾸는 당신에게

- 외모 콤플렉스

"예쁘면 안 되는 게 없잖아!"라는 말이 있다. 그런데 정말 그럴까? 아니다. 한국에서는 "여자 나이 40이면 장승도 안 돌아 본다" 또한 중동지역에서는 "50살 먹은 여자는 양 한 마리와도 안 바꾼다"라는 말이 있다. 아무리 예뻐도 젊지 않으면 여자로서의 의미가 없다는 뜻이다. 서글프지 않은가?

여자아이는 태어날 때 "예쁜 공주님!"이라는 칭찬을 들으면서 인생을 시작한다. 여자아이에게 '여자에게 가장 중요한 것은 외모다'라고 처음부터 주입시키는 것이다. 특히 오늘날 우리나라에서는 여자는 물론 남자를 판단할 때에도 외모는 절대적 기준이다. 그래서 누구나 미인이 되기를 바란다. 외모 덕분에 주목 받는 삶을 살고 싶어 한다.

결국 사회가 이렇듯 외모지상주의 프레임을 견고하게 만들수록 외모로 인한 개개인의 콤플렉스의 강도도 높아지기 마련이다. 타인들과 쉽게 친해지지 못하는 것도, 취업이 어려운 것도, 결혼에 실패하는 것조차도 외모 탓이라고, 외모가 장밋빛 앞날을 가로막는 걸림돌이라고 여기는 사람들도 늘고 있다.

외모에 너무 집착하다 보면 오히려 심리적 압박감에 심하게 시달려 왜곡된 생각을 하게 되고, 자신의 자연스러운 모습을 인정하지도 받아들이지도 못하게 된다. 늘 타인과 자신을 비교하며 살게 된다. 또한 자기 자신을 소중히 여기는 마음이 사라져 열등감과 절망감에 빠진 채 끊임없이 갈등하게 된다.

이러한 외모집착증이 심해지면 살아가면서 겪기 마련인 다양한 문제들을 외모 탓으로 돌리는 경향이 생긴다. 자신의 외모에 대한 부정적인 생각과, 그 생각에 연관된 불쾌하고 쓰라린 감정의 덩어리와 심리적 상처마저 생겨난다. 이것이 바로 외모 콤플렉스다.

"외모가 스트레스의 원인이다"라는 말이 있을 정도로 우리 사회는 외모 콤플렉스에 의한 몸살을 앓고 있다. 심지어 삶에서 제일 중요한 것이 외모라는 생각마저 매일매일 강화되고 있다. 더군다나 우리나라에서는 특히 아름다움을 여성의 본질인 양 강요하기 때문에 모든 여성들이 성형수술과 다이어트에서 자유로울 수 없다. 특히 아름다움의 기준이 바비 인형처럼 마른 몸매이기에 더욱 심각하다.

39·24·35인치는 바비의 가슴·허리·엉덩이의 치수(제작사 설정)다. 비현실적인 바비의 몸매는 미인의 서구적 기준이 우리나라 여성들에게도 자연스럽게 받아들여지도록 유도했고, 결국 미스 코리아의 기준까지 되었다. 우리 여성들도 어릴 때 가지고 놀던 바비 인형에 의해 서구적 아름다움의 기준을 전혀 낯설지 않게 여기도록 세뇌되고, 또한 서구적 아름다움이 사회화되면서 이제 우리는 스스로 바비 인형이 되려고 기를 쓴다. '외모의 완성은 곧 나 자신의 완성!'이라고 믿으면서….

과연 우리는 이 '바비 인형이 되려는 전쟁'에서 살아남을 수 있을까?

01 미인의 변천사

미국 극작가 진 커는 "아름다움이란 한낱 가죽 한 꺼풀이라는 이 난센스가 이젠 지겹다. 가죽 한 꺼풀이면 충분히 깊은 거 아닌가?"라고 말했다. 그러나 아름다움이 가죽 한 꺼풀에 지나지 않을지라도, 그것이 수많은 여성들에게 미치는 파장은 막강하다.

그런데 아름다움은 인간의 주관적 판단 영역이니 만큼 '미인형 외모'의 세부적 기준은 시대별·나라별·취향별로 매우 다양하다. 거기에 개개인의 취향(이상형)까지 고려하면 가히 밤하늘의 별만큼 많아진다. 더군다나 지금은 아름답다는 말을 듣는 연예인도 어쩌면 먼 미래에는 "저런 사람이 21세기에는 미인이었다고 한다"라는 말이 나올지도 모른다.

실제로 클레오파트라나 양귀비에 대한 그 시대의 묘사대로 복원한 모습을 본 오늘날의 사람들이 그녀들을 미인이라고 하는 경우가 아주 드물지만, 당대에는 너도나도 그녀들의 아름다움을 찬양했다. 클레오파트라 역을 맡은 엘리자베스 테일러나 양귀비 역을 맡은 판빙빙은 천 년 뒤의 미래에는 어떤 말을 듣게 될까? 그렇다면 각 시대마다 선호되는 미인의 기준이 궁금하지 않은가?

선사시대와 고대에는 식량이 늘 부족해 굶주리는 사람이 많았다. 그래서 살찐 여성을 매력적으로 여겼다. 지금도 북한에서는 통통한 여성을 미인으로 본다고 한다. 다만 이에 대해 '아름다움이 아니라 출산의 상징'이라고 보는 견해도 있다. '살찐 여성이 건강한 아이를 출산할 것'이라는 믿음 때문이라면서 말이다. 통통한 여성에 대한 선호는 중세와 근대에도 이어졌다. 물론 이게 동서양 모두에서 받아들여진 것은 아니다. 중국에서는 고대부터 날씬하고 왜소한 여성이 선호되기도 했기 때문이다. 아울러 깨끗하고 흰 피부도 선호되었다. 흥미로운 사실은 현대의 터키와 인도에서도 백인에 가까운 여성이 인기가 높다는 점이다.

근대 이전까지 중국에서는 여성의 '작은 발'도 성적으로 매력 있고 아름답다고 여겨졌다. 그래서 근대 이전까지 중국의 많은 여성들은 작은 발을 만들기 위해 5~7세부터 붕대로 발을 단단히 묶어서 발이 자라는 것을 막았다. 명나라를 건국한 홍무제 주원장의 부인 마수영 황후는 어린 시절 어려운 처지 탓에 발을 묶지 못했기에 발이 크다며 조롱을 당했지만, 홍무제가 그녀를 놀린 자들을 사형에 처하려고 하자 그녀는 오히려 남편을 말렸다고 한다.

르네상스 시대 유럽에서는 미인의 기준이 허리가 가늘고 가슴골이 있는 역삼각형의 여성인 적도 있다. 그래서 허리를 조여 가슴골을 뚜렷하게 드러내주는 코르셋이 몹시 발달했다. 심지어 코르셋의 주 원료인 고래수염을 얻기 위해 고래 사냥도 이루어졌다. 또한 아치형 이마가 아름다움의 주요 지표였기에, 이마를 크고 높게 만들기 위해 면도를 하거나 숫제 머리카락을 뽑기도 했다. 실제로 르네상스 시대의 그림에 등장하는 여성들 중 대부분은 유난히 이마를 높이 드러냈다. 정조와 순결함을 드러내기 위해 속눈썹 뽑기도 유행했다. 속눈썹이 지나치게 길면 음란하다고 여겼기 때문이다.

현대로 넘어오면서 이목구비가 뚜렷하고 섬세하며, 청초하거나 섹시한 여성이 아름다운 여성으로 떠올랐다. 말 그대로 바비 인형 같은 스타일이다. 특히 서구권의 소위 '잘사는 국가'에서는 대체로 키가 크고, 팔다리가 길고 늘씬하며, 가슴과 골반이 적당히 발달하고, 무엇을 입든 잘 어울리는 슬렌더(slender) 체형을 가장 선호한다. 그런데 현대 동양에서는 중국 중세 송나라 시인들의 묘사에 나온 것과 같은 왜소한 여체를 찬양하는 성향이 강하다. 하지만 동양에서도 점차 탄력 있고 운동으로 다져진 몸매를 선호하는 경우가 상대적으로 많아지고 있다.

우리나라 역사 속의 미인상도 이와 유사하게 변화해 왔다. 고대에는 여성에게 다산, 즉 생식력을 강조했기에 동그랗고 훤한 얼굴에 통통한 여성을 미인으로 꼽았다. 고려 시대에는 마르고 아담하며 품위 있어 보이는, 귀부인 같은 여성이 아름답다고 평가받았다. 그러나 조선 시대부터는 기생 같은 요염하고 관능적인 여성을 미인으로 꼽았다.

물론 현대에는 동서양을 막론하고 날씬하고 긴 다리, 풍만한 가슴, 잘록한 허리, 시원하고 큰 눈매, 갸름한 얼굴이 미인의 기준이 되었지만 말이다. 예를 들어, 1960년대에 몸무게가 불과 51킬로그램인 트위기(Twiggy, 본명은 데임 레슬리 로슨)가 최고의 슈퍼모델로 등장하자, 1990년대의 케이트 모스에 이르기까지 마른 체형의 모델이 아름다움의 기준이 되었다.

이후 마른 체형의 모델을 지향하는 게 올바른 것인지 논란이 일었지만, 그러면서도 피부와 몸매에 신경 쓰지 않는 여자는 곧 게으르거나 가난하다고 간주하는 건 여전하다. 심지어 우리나라에는 "가난할수록 뚱뚱하고, 부유할수록 날씬하다"는 몸매방정식(?)까지 등장했다.

02 시대별 미인상과 할리우드 배우들의 매치

앤 헤서웨이

고대 그리스에서는 건강한 인체미를 중시했다. 예를 들어, 자연스럽고 탄력 있는 몸매, 사과 모양의 가슴, 화장기 없는 창백한 얼굴이 인기를 끌었다. 할리우드 여배우 앤 헤서웨이 같은 스타일이다.

식민지에서 수탈한 물자가 풍부했던 로마 제국에서는 여성이 아름다움을 가꾸는 것에 상당히 많은 관심을 기울였다. 화려하고 야한 화장에 일자눈썹, 하얀 치아에 날씬하고 털 없는 몸이 미인의 조건으로 간주되었다. 여배우 다이앤 크루커를 꼽을 수 있다.

다이앤 크루커

성에 대한 욕구가 죄악처럼 여겨지던 암흑기의 중세 시대에는 순결함을 떠올리게 하는 작은 가슴과 엉덩이, 흰 살결, 금발에 넓은 이마를 가진 여성, 성녀 같은 외모의 여성이 최고 미인이었다. 바로 여배우 기네스 펠트로 같은 스타일이다.

기네스 펠트로

인간에 대한 관심이 커졌던 르네상스 시대에는 성숙미를 풍기는 여성이 아름답다는 평가를 받았다. 그래서 원뿔 모양으로 솟은 가슴이나 통통한 턱, 풍만한 허벅지를 가진 여성이 주목을 받았다. 여배우 케이트 윈슬렛 같은 스타일 말이다.

케이트 윈슬렛

키이라 나이틀리

매 세기말에는 염세적이고 회의적인 분위기에 맞춰 유령처럼 핏기 없는 피부에 야윈 몸매, 퀭한 눈, 파인 볼을 가진 여성이 대두되기도 했다. 여배우 키이라 나이틀리 같은 스타일을 꼽을 수 있다.

스칼렛 요한슨

제2차 세계대전이 끝난 지 얼마 안 된 1950년대에는 전쟁으로 급격히 줄어든 인구를 보충하기 위해 애를 많이 낳는 베이비붐(baby boom)이 일었다. 그래서 가슴이 크고 굴곡도 있는 풍만한 몸매, 뇌쇄적인 표정을 가진 여성이 미인으로 각광받았다. 여배우 스칼렛 요한슨 같은 스타일이 여기에 해당된다.

안젤리나 졸리

환경 문제와 개성이 주요 관심사로 떠오른 20세기 말엽부터는 피부 톤을 자연스럽게 드러내는 방식의 화장에, 지적이면서도 섹시함도 겸비한, 한마디로 '개성적인 여성'이 주목을 받는다. 바로 안젤리나 졸리 같은 스타일이다.

복잡하고 변화무쌍한 21세기에는 변신을 잘하고 당당한 여성이 사랑을 받고 있다. 즉, 자신의 콤플렉스마저 상품화할 수 있는, 뚜렷한 개성을 가진 여성이 대세다. 그러니까 불확실한 시대만큼이나 정형화된 미인상도 없는 셈이다. 그래서 현대 사회에서는 '여자가수 아이유의 눈', '여배우 이영애의 코'가 아니라 전체적으로 자연스러운 이미지, 자신만의 분위기를 갖는 것이 미인의 조건이다.

03 아름다움의 이중적 잣대 - 아름다워야 살아남는다?

"예쁘면 언제 어디서든 환영받는다. 그래서 아름다우면 언제나 이긴다"라는 말이 있다. 실제로 2014년 우크라이나의 크림 반도가 '크림 공화국'으로 독립했을 때 우크라이나 총리 율리야 티모셴코와 크림 공화국 검찰총장 나탈리야 포클론스카야의 두 나라를 대표한 분쟁은 범세계적 미모 대결로 거듭나는 해프닝으로 이어졌다. 현실이 이러하니 우리 여성들은 아름다움 가꾸기를 경멸하면서도 선망하는 이중적 잣대를 유지하기 마련이다. 그런데 아름다움은 타인의 눈으로 결정되다 보니 결국 타인의 시선에서 자유로울 수 없다.

물론 우리 여성들은 누구에게 보이기 위해 외모를 가꾸지는 않는다. 자기만족을 위해 아름다움을 추구한다. 하지만 당신은 당신의 미모를 타인에게 보일 의도가 정말 없는가? 바로 위에 소개한 '총리와 검찰총장의 대결'처럼 아름다움이 권력이 된 시대에서 우리는 살고 있다. 즉, 미인은 남성들로부터 좀 더 좋은 대접을 받고, 또한 뭇 여성들의 부러움이나 질투의 대상도 된다는 사실도 잘 알고 있다. 『백설 공주』를 보라. 계모인 왕비가 자기보다 아름다운 백설 공주를 질투하여 결국 죽이려고 하지 않았는가. 더군다나 왕자, 일곱 난쟁이들, 심지어 왕비에게서 백설 공주를 살해하라는 밀명을 받은 사냥꾼까지 아름다운 백설 공주의 편이 되어주었다.

외모지상주의 사회에서 살아가는 우리 여성들은 남성들이 아무리 "성격이 좋아야 예쁘지"라고 말해도 믿기 어렵다. '그냥 하는 말이지. 속으로는 딴 생각을 할 거야' 같은 식으로 넘겨짚는다. 그래서 오늘도 여성들은 다이어트에 도전하고 성형수술을 시도한다. 그러니까 자기만족보다 타인, 특히 남성의 선택을 받고자 우리 여성들은 아름다움에 대한 이중적 잣대를 유지하면서 살아가고 있는 것은 아닐까? 그러니 아름다움을 추구하면서도 나름대로 균형 잡힌 시각과 미인에 대한 가치가 필요할 것이다. 바로 아래의 '신체적 만족도 테스트'를 활용하여 나 자신의 신체적 만족도와 외모의 중요성을 확인해보자!!!

신체적 만족도 테스트

당신의 몸이 얼마나 만족스러우세요?

– 괄호 안에 0~4까지의 점수를 기입하시오.

> 1점 = 매우 불만족
>
> 2점 = 다소 불만족
>
> 3점 = 만족스럽지도
>
> 　　　 불만족스럽지도 않음
>
> 4점 = 다소 만족
>
> 5점 = 매우 만족

1. 얼굴(이목구비 · 피부) (　)

2. 머리(색 · 굵기) (　)

3. 하체(엉덩이 · 허벅지·다리) (　)

4. 중앙(배 · 허리) (　)

5. 근육의 상태 (　)

6. 상체(가슴 · 어깨 · 팔) (　)

7. 체중 (　)

8. 키 (　)

테스트 점수

점수	매우 낮음	낮음	보통	높음	매우 높음
	8~22	23~25	26~27	28~32	33~40

당신은 자신의 외모가 얼마나 중요하다고 생각하는가요?

외모에 대한 경험과 신념	대체로 해당됨	대체로 해당하지 않음
외모가 멋진 사람을 볼 때마다 '나는 몇 등급일까?' 생각해본다		
외모에 관해 기분이 좋아지거나 언짢아지게 만드는 뭔가를 계속하는 경향이 있다		
내 외모가 만족스러워 보이는 날에는 다른 일에서도 쉽게 기쁨을 느낀다		
처음 만나는 사람이 내 외모를 어떻게 평가할지 궁금하다		
일상에서 내 외모에 대해 생각하는 경우가 많다		
내 외모가 마음에 들지 않는 날에는 다른 일에서도 기쁨을 느끼기 어렵다		
'내 외모가 지금보다 더 나아지면 어떨까?' 하는 공상에 빠진다		
내 외모를 관리한다면 삶에서 겪는 사회적·정서적 문제들도 통제할 수 있다		
여태까지 내게 일어난 많은 일에 내 외모가 영향을 미쳤다		
내 외모와 주변 사람들의 외모를 자주 비교한다		
누군가 내 외모에 대해 부정적 반응을 보이면 신경이 쓰인다		
외모가 내 삶에 큰 영향을 미쳤다		

테스트 점수

0~2: 허용 범위   3~6: 위험 범위   7~12: 문제 범위

04 성형수술은 어때?

샤워를 마치고 거울에 비친 내 모습을 보노라면 대부분의 남성들은 자기가 멋지다고 느끼는데, 대부분의 여성들은 뚱뚱하고 느낀다. 즉, 남성들은 자신에게 관대하고, 여성들은 자신에게 엄격한 잣대를 들이댄다. 이는 우리 사회가 외모와 관련하여 여성들에게는 상당히 엄격한 잣대를 들이대기 때문이다. 소개팅에서 만날 남자들은 약속도 잡기 전에 나올 여성이 예쁘냐고 묻고, 채용 시 서류 심사나 면접에서도 기업 대표든 면접관이든 여직원을 뽑는다면 외모부터 본다.

그래서 우리 여성들은 예쁘면 자신감이 충만할까? 사실, 자신감이 결여되면 항상 주눅 들어 타인의 반응과 평가에 촉각을 곤두세우기 마련이다. 그럴수록 외모를 가꾸어 더 예뻐지면 자신만의 정체성을 되찾으면서 자신감도 가질 수 있다. 어느 코미디언이 쌍꺼풀 수술을 하고 방송에 나와 더 커진 눈을 만족스러워하면서 자랑하지 않았던가. 아름다움이란 주관적이므로 이렇듯 성형수술로 아름다움을 갖추고 자신감을 회복하기도 한다.

그래서일까? 한국에는 유독 성형외과가 많다. 특히 강남대로에 즐비한 성형외과들은 불황을 모른다고 한다. 이게 어제오늘 일도 아닌 것이, 이미 2004년에 오프라 윈프리가 "한국 여성들은 성형수술을 지나치게 많이 한다"고 지적해서 미국 내 한인 사회와 국내에서 사달이 나기도 했다. 물론 성형수술로 예뻐질 수 있다면 이 또한 긍정적인 변화를 가져올 수도 있다. 성형수술로 더 높은 자신감과 자존감을 갖게 되는 건 좋은 일이니까 말이다. 더군다나 무엇을 성취하려고 노력 중일 때, 대인 관계가 어려울 때 당장 자존감을 높이기는 어렵지 않은가.

그러나 진정한 자존감은 외모에 달려 있지 않다. 즉, 성형수술만으로는 자존감의 문제를 해결할 수 없다. 물론 성형수술로 예뻐지면 짧은 시간 동안이라도 타인들의 관심과 인정을 받을 것이다. 하지만 이로 인해 당신은 '아! 인간의 모든 문제는 외모로 해결 가능하구나!'라는 잘못된 생각을 갖게 될 수도 있다. 즉, 툭하면 수술대에 눕는 성형중독에 빠지는 것이다. 결론을 말하자면, 성형수술이 여러 답변 중 하나가 될 수는 있지만 유일한 답은 아니라는 사실이다.

어떤 일을 하든 원하는 결과를 당장 얻을 수는 없지 않는가. 자존감을 가지는 것 역시 바로 해낼 수 없는 일이다. 그러니 외모로 인한 불합리한 대우에서 벗어나기 위해 성형외과의 도움을 받았다면, 그 다음에는 내면의 성형을 해야 한다. 즉, 성형수술을 받고 난 후 스스로 자존감과 자신감을 회복하기 위한 작전에 돌입해야 한다. 외모보다 더 중요한 것은 아마도 내면의 자존감일 것이다.

05 외모 콤플렉스를 어떻게 요리할까?

오래 지속된 외모 콤플렉스에서 벗어나기란 쉽지 않다. 특히 우리 사회에서는 외모에 대한 선입견이 강하고, 이를 마케팅에 활용하는 경우가 많아서 아름다운 외모가 장점으로 작용한다는 것이 사실이 아닌가. 유튜버 활동을 해도 소위 '미모가 받쳐주는' 여성들이 훨씬 많은 구독자를 보유함으로써 상당히 높은 광고 수익을 올리고 존경까지 받는 게 현실이다. 이렇듯 우리 사회가 '외모에 대한 불만족'을 부추기고 있다.

하지만 외모가 매력적인 사람이 덜 매력적인 사람보다 더 행복한 것은 아니다. 오히려 잘생긴 남자나 예쁜 여자를 실제로 만났을 때 그의 성격이 내 기대에 미치지 못할 때 상당히 큰 배신감마저 들기 마련이다. 심지어 어느 예쁜 연예인이 방송에서의 모습과는 달리 스태프나 지인 등 주변인들을 막대하더라는 기사나 SNS 폭로를 보고 크게 실망한 적도 있지 않은가. 인기 있던 걸그룹에서 특정 멤버를 왕따 한다는 사실을 접한 남성 팬들이 대노하지 않던가. 이것을 심리학에서는 '기대 위반 효과(expectancy violation effect)'라고 한다. '실제로 봤더니 확 깨더라'는 뜻이다.

물론 첫인상은 중요하다. 하지만 첫인상은 첫 인상일 뿐이다. 첫인상이 매력적이어도 계속 지내보니 하는 행동이 영 아니다 싶으면 상대방은 실망하여 떠나기 마련이다. 프랑스 소설 『바다의 침묵』에서 남주인공인 독일군 장교는 예쁜 약혼녀가 자기의 피를 빤 모기를 잡아 다리를 하나씩 뽑아서 죽이는 걸 보고, (더군다나 생글생글 웃으면서) 경악하여 파혼했다고 여주인공인 프랑스 처녀에게 털어놓았다. 그 장교에게도 '기대 위반 효과'가 나타났던 것이다.

이렇듯 첫눈에 끌리는 외모를 갖추기 위해 최선을 다

하기보다는 자신의 내면이 향기가 나도록 긍정적으로 다듬어야 한다. 첫인상의 편견에 굴복하기보다 '반항하는 볼매녀(볼수록 매력 있는 여성)'가 더 멋지지 않겠는가!!! 그렇다면 내면을 위한 자존감을 회복하려면 어떻게 해야 할까?

우선, 외모에 대한 완벽주의적 사고를 벗어 던져야 한다. 외모 콤플렉스에 시달리는 사람들이 비교 대상으로 삼는 모델은 대개 그 스스로도 깜짝 놀랄 만큼 절세미인·미남인 경우가 대부분이다. 그리고 외모 콤플렉스에 지배당하면 모든 사람이 내 단점에만 집중한다고 생각해 늘 위축되고 편협한 자세를 갖기 쉽다. 자신의 코가 못생겼다고, 배가 나왔다고, 키가 작다고 해서 자신을 버릴 수야 없지 않은가. 하지만 나 자신을 스스로 부정하는데 누가 나를 인정해줄까?

'배가 나오고 키가 작으면 어때!'

이런 생각을 갖고서 있는 그대로의 나를 받아들이자. 그런 외모가 '나만의 매력'이라고 생각해보자. 나 스스로를 조건 없이 맹목적으로 사랑하는 연습을 하자.

또 한 가지 좋은 방법은 자신의 장점을 말해주는 사람을 곁에 두는 것이다. 친한 사람에게 내 외모의 장점이 무엇인지 물어보는 것이다. 나 자신도 몰랐던 매력에 대해 듣게 되는 경우도 적지 않을 것이다. 나 자신을 가장 많이 보는 사람은 나 자신이 아니라 내 주변 사람들이니까!!!

06 굿바이, 외모 콤플렉스!!!

상당히 예쁜 연예인도 외모 콤플렉스가 있다고 한다. 그런데 그렇게 예쁜 사람조차 그런 생각을 한다면 우리는 어쩌란 말인가! 일단 이쯤에서 분명한 건 "외모는 주관적이다"라는 사실이다. 즉, 내 마음에 달린 것이다. 일본을 거의 통일했던 오다 노부나가는 "내가 맛있다고 하는 게 일본에서 제일 맛있는 것이고, 내가 아름답다고 하는 게 일본에서 제일 아름다운 것이다!"라고 말했다고 하지 않은가. 그러니까 나 자신이 못생겼다고 생각하는 마음의 병을 떨쳐버리자!!! 그러한 마음의 병을 떨쳐내지 못한다면 대인 관계에서도 자신감을 잃고 위축되어 계속 고립된다. 그리고 결국 성형외과의 문을 두드리게 된다.

앞서 얘기했듯이 약간의 성형수술로 자신감을 가질 수 있다면 성형수술에 동의한다. 그러나 '더욱 멋진 외모'에 대한 집착과 과도한 관심으로 성형수술을 선택하면 안 된다. '못마땅한 외모'의 원인은 심리적인 것일 수 있기 때문이다. 즉, 외모에 대한 열등감을 치료하지 않으면 성형수술을 아무리 많이 해도 결국 내 인생이 달라질 수도, 행복해질 수도 없다. 그러니 성형수술을 하여 '강남미녀'가 되라고 부추기는 매체들을 멀리하자. 결국 남는 건 카드빚과 성형중독뿐이다.

사실, 외모의 아름다움은 아무리 가꾸어도 완벽해질 수 없다. 그러나 진정한 아름다움은 있는 그대로의 내 모습을 사랑하는 데 달렸다. 좀 부족하거나 못생기면 어떤가! 나만의 개성을 찾고, 그것을 장점으로 부각시켜보자! "미녀가 아니면 야수잖아"라는 이분법적 사고를 강요하는 소위 '사회적 기준'에 맞서 당당히 나가자!!! 나의 새로운 내면의 목소리에 귀 기울이자!!! 그리고 중얼거려보자!

'난 충분히 매력적이야!!!'

04

베일에 감춰진 성에 대해 괴로워하는 당신에게

- 성 콤플렉스

'섹스(Sex)'라는 단어를 들으면 무슨 생각이 드는가? 여성들 중 대부분은 어쩐지 부끄럽고 은밀한 단어라고 생각하기에 이 단어를 입에 올리기를 피하고, 관련된 일도 감추고 싶어 한다. 현대의 여성들조차 일종의 피해의식이라도 있는지 이 단어를 솔직하게 표현하는 것을 어려워한다. 이는 지금도 가부장적 요소가 남아 있는 우리 사회에서 여성의 성(性)에 대한 자유가 억압되어왔기 때문이다. 남성의 정력이 센 건 남성다움으로 찬양받았지만, 여성은 성적인 것에 대해 조신하게 있어야 한다는 식의 이중적 규범이 통용되어온 것이다.

사실 대부분의 철들지 않은 남성들은 여성을 '성모 마

리아가 아니면 창녀'라는 식으로 생각하는 경향이 있다. 즉, 정숙하고 교양 있는 여성은 성적 쾌락을 즐기면 안 되며, 오직 '출산의 수단'이라는 역할만 해야 한다고 보는 것이다. 이러한 이중적 성 관념은 오랜 세월 동안 우리 사회에서 자연스러운 것인 양 받아들여짐으로써 우리는 자신도 모르게 성 콤플렉스에 빠져들었다.

성 콤플렉스란 그릇된 성 관련 규범을 무의식적으로 받아들여 성적 욕망을 억압하는 심리다. 여성의 성 콤플렉스의 한 예로 '순결 콤플렉스'가 있다. 이는 성관계 시 자신이 처녀가 아니거나, 처녀여도 처녀막이 없을지도 모른다는 불안감 등으로 나타난다. 그런데 "당신은 성 콤플렉스를 가지고 있나요?"라는 질문에 많은 여성들은 이런 걸 문제라고 인식하는 것조차 못하여 자신의 문제를 파악하고 해결해볼 기회를 놓친다.

사실 여성의 성욕에 대해서 『킨제이 보고서』로 유명한 앨프리드 킨제이 박사는 "모든 인간은 성욕을 가지고 태어난다. 남성은 페니스에서, 여성은 음핵에서 오르가즘을 느낀다"고 주장했다. 그래서 자율적이고 능동적인 여성은 음핵에 집착하는데, 이 집착이 뜻대로 해소되지 않으면 신경증 증세를 일으킨다고 주장했다. 이는 성적 쾌감이 남성의 성기가 삽입되는 질이 아니라 음핵을 자극함으로써 이루어진다는 뜻이다. 즉, 여성도 남성처럼 자율적이고 독립적인 섹스를 즐길 수 있어야 인간다운 삶을 누릴 수 있다고 킨제이 박사는 주장했다.

그런데 『킨제이 보고서』가 발표된 지 거의 70년이 되었음에도 불구하고, 현실에서 섹스에 관한 주제는 여전히 여성들에게는 편하게 이야기하면서 즐길 수 있는 것이 아님은 틀림없다.

01 성에 대한 의식과 행동

적극적인 성(sex)이 아직도 불편한 주제일까? 일반적으로 모든 데이트의 시작은 남성이 여성보다 먼저 접근해오는 것이다. '썸'을 탈 때에도 내숭을 떠는 것이 다소곳한 여성의 모습이다. 즉, 여성은 남성을 간접적으로 유혹해야 한다. 이는 성의 주도권과 적극성이 남성의 전유물이어야 한다는 사회적 인식 때문이다. 여성들의 성 의식은 예전에 비해 자유분방하고 다양해졌지만, "결혼 전 여성은 순결해야 한다"는 생각에서도 자유롭지 못한 게 우리 여성들의 현실이다.

소위 '순결의 증거'인 처녀막은 동서고금을 막론하고 남성들이 집착하는 것이다. 중국에서는 결혼 첫날밤에 신부의 처녀막에서 나온 핏자국이 중요하며, 만약 신부의 몸에서 이게 나오지 않는다면 이혼을 당하기도 했다. 아프리카에서는 잔인하게도 어린 소녀의 할례를 실시한다. 즉, 마취 없이 소녀의 음핵과 소음순, 대음순을 절제한다. 이는 소녀를 폐혈증이나 파상풍으로 죽일 수도 있는 위험한 행위다. 중동에서는 '음부봉쇄술'이라 하여 음핵과 소음순, 대음순을 봉합한다. 그리고 결혼 첫날밤 남편이 칼로 봉쇄된 음부를 잘라버린다. 얼마나 고통스럽겠는가? 이로 인해 성적 피해자가 된 여성들은 성교 장애와 불감증을 지속적으로 겪는다. 성적인 면에서 자유로울 것 같은 서구에서도 결혼 전까지 여성을 수녀원에 감금하기도 했다.

또한 여성의 순결을 중요하게 여기는 여러 문화권에

서는 '위장술'도 발전했다. 페르시아에서는 질 안에 토끼의 피로 적신 천을 삽입하거나, 깨진 유리조각을 질에 넣어 피가 흐르게 만들기도 했다. 또한 르네상스 시대의 유럽에서는 처녀막을 재생하는 사업이 번창했다. 우리나라에서도 한때 처녀막 재생 수술이 유행했다. 이는 혼전 순결을 증명하려는 여성들의 안타까운 노력이다.

그럼 왜 이렇게 처녀막에 열광하는가? 여성을 남성과 동등한 권리를 가진 존재가 아니라 단지 남성의 소유물로 여겼기 때문이다. 즉, 결혼 첫날밤의 피 묻은 천은 곧 남성이 여성의 주인이 되었다는 증거다. '누구도 사용한 적이 없는 새로운 것'이 자신의 소유물이 되었음을 증명하는 것이다. 오늘날에도 우리 여성들마저 이러한 사고방식의 실체에 대해 스스로 인지하지 못한 채 빠져 있다. 그러니까 '여성은 성적 욕망을 품어서는 안 된다는 식의 무의식적 죄책감'과 '성적으로 무지해야 한다는 공포'에 주눅 들어 있는 것이다.

하지만 요즘 여성들은—개인차는 있겠지만—'순결'과 '정조'에 차이를 두는 듯하다. 젊은 남녀가 길거리나 에스

컬레이터 등에서 노골적으로 애정 행각을 벌이는 모습은 아주 흔히 보이고, 비교적 자유롭고 가벼운 마음으로 성관계를 벌이기도 한다. 성에 관한 것을 드러내는 건 정숙하지 못한 행동이라는 생각은 어머니·할머니 시대의 전유물로 여겨진다. 이는 가부장적 성 문화가 변화되고 있음을 증언하는 것이기도 하다.

02 성 문제의 변천사

우리 민족의 성에 대한 사고방식은 어떠했을까? 삼국 시대에는 성적 표현을 즐겼다. 그 증거로 경주의 신라 고분군에서 출토된 토우(土偶, 흙인형)들이 있는데, 남녀가 성교하는 모습을 아주 에로틱하게 묘사했다. 이는 고대인들이 성 행위를 삶의 근원이자 생명을 존중하는 행위이며, 그래서 자연스러운 것이라고 여겼음을 알 수 있게 해준다. 교과서에도 나오는 「처용가」 또한 부부가 아닌 남녀 간의 교제가 상당히 자유롭게 이루어졌음을 알려준다.

선덕 여왕이 경주 인근 여근곡(女根谷)에 백제군이 침

투했으니 섬멸하라 명령하면서 "남성의 성기는 여성의 성기(女根)에 들어가면 반드시 죽으므로 (백제군을) 쉽게 잡을 수 있다"고 한 것에서 보듯이, 신라인들은 남녀의 성기나 성교를 노골적으로 표현할 정도로 성에 대해 긍정적이고 너그러웠다. 고려 시대에도 여성은 성적으로 자유로웠으며, 심지어 너무 문란하기까지 했다.

고려 말 공양왕은 여성들을 규제하기 위해 '정절'이라는 굴레를 만들었다. 여성이 성적으로 무지하고 순결해야 한다고 강조했을 정도다. 조선 시대에는 유교 이데올로기가 강화되면서 여성의 본능을 억제하려고 했다. 그래서 조선의 과부는 '열녀'의 고통을 기꺼이 받아들여야 했다. 조선 후기로 갈수록 천민까지 '열녀'의 정표를 받는 것을 가문의 영광으로 여기기에 이르렀다. 더군다나 조선 초인 태종 때에는 유부녀가 간통을 하면 먼저 코를 자르고, 오른 팔과 왼팔 순으로 잘라 죽였다고 한다. 남성이 휘두르는 권력에 여성들은 얼마나 비참하게 살아야 했는가?

이렇듯 속박당한 우리 여성들의 성은 1920년대에 서구 사상의 도입과 교육의 결과 유교적 성 윤리를 비판하고 새로운 성 가치관을 세우면서 해방되기 시작했다. 그리하여 우리 여성들은 가부장적인 유교 이데올로기에 기반을 둔 기존의 성 윤리를 비판하며 자기주장을 펼치는 신여성과, 가부장적인 통제를 받아들이며 남성들에게 의존하는 삶을 선택하는 여성으로 양극화되었다.

　물론 어느 사회에든 질서를 유지하기 위한 규범이 존재한다. 하지만 우리 여성들의 성은 유교적 관습에 의해 최근까지 억눌려온 것 또한 사실이다. 아니, 오늘날마저도 남녀가 성을 자유롭고 평등하게 추구한다고 분명하게 말할 수 있을까? 우리나라 여성들 사이에서도 큰 화제가 된 미국 드라마 <섹스 앤 더 시티>의 여성들은 성에 관한 생각과 경험을 나누면서 해방감과 동질감을 누린다. 즉, 오늘날의 여성들은 억압되고 차단된 성을 말로 표현함으로써 성에 대한 자유를 누리는 듯하다. 그러니 이제는 섹스를 자연스럽게 말하자. 성욕도 식욕처럼 인간의 본능이 아닌가.

성욕 테스트

재미로 해보는 것이니 가볍게 시도해보세요.

Q1. 당신의 집에는 사진과 같은 낡은 목욕탕이 있습니다. 낡은 목
    욕탕에는 고쳐야 할 곳이 많지만, 딱 한 곳만 고칠 수 있습니다.
    어디를 고치겠습니까?

① 물을 데우는 보일러

② 바닥과 벽의 타일

③ 몸을 담그는 욕조

④ 작고 좁은 창문

다음과 같은 보기를 선택하셨군요! 그런 당신은 이런 사람입니다!

① 물을 데우는 보일러

지극히 평범해 보여서 잘 모르지만 속에서는 성욕이 매우 불타오르고 있네요. 겉으로는 책, 시사, 스포츠 등 교양적인 부분에 관심이 많은 척하지만, 실제로는 음란한 영상이나 물건에 관심이 많은 편입니다.

② 바닥과 벽의 타일

애당초 성에 대한 흥미나 관심이 없는 분이군요. 성에 눈을 뜨게 되더라도 실패할 가능성이 높습니다.

③ 몸을 담그는 욕조

성에 대한 관심이라든가 성욕이 지극이 정상적이고 평범하네요. 때와 장소, 상황에 따라 성과 관련된 문제나 일을 적절히 할 수 있으실 겁니다.

④ 작고 좁은 창문

'호색가'시군요. 성격이 밝고 명랑해서 스킨십을 자연스럽게 유도하고, 외설적인 농담도 자주 하는 편이라 오해를 많이 사기도 하겠네요.

Q2. 다음 항목에서 해당하는 것에 표시하세요.

	항목	매우 그렇다	조금 그렇다	그렇다	그렇지 않다	전혀 그렇지 않다
1	결혼하기 전까지는 반드시 순결을 지켜야 한다					
2	내가 먼저 성관계를 요구해본 적이 없다					
3	내가 원하지 않을 때 상대방의 요구를 거절할 수 있다					
4	자위를 해본 적이 없다					
5	타인 앞에서 성과 관련된 기사나 만화를 보는 것이 부끄럽거나 불편하다					
6	상대방에게 피임을 먼저 이야기해본 적이 없다					
7	성관계를 한 남자는 그 여자를 책임져야 한다					
8	내가 성욕을 언제, 어떻게 느끼는지 알 수 없다					
9	성적으로 자유로운 여성이 비난받는 것은 당연하다					
10	남편이나 남자친구가 이전에 다른 사람과 성관계를 맺었으리라 생각하니 불쾌하다					

매우 그렇다: 5 / 조금 그렇다: 4 / 그렇다: 3 /
그렇지 않다: 2 / 전혀 그렇지 않다: 1

합산한 점수가 다음과 같군요.

35점 이상

당신이 성과 관련하여 지키고자 하는 많은 것들이 사실은 우리 사회가 여성의 성을 통제하기 위해 만들어낸 고정관념에 불과하다는 걸 모르시나요? 성으로부터 자유로워져야 합니다.

34~25점

성이 당신의 삶을 얽매지는 않지만, 그래도 주체적인 당신이 되도록 노력해보세요.

24점 이하

성으로부터 자유로운 당신이 아름답습니다. 심지어 당신의 성 관념이 남성 위주가 아닌지 생각해보세요.

성 콤플렉스에 빠진 여성에게서 공통으로 발견되는 증상은 다음과 같습니다.

① 성, 사랑, 결혼은 하나라고 여긴다.
② 순결의 상징인 처녀막을 숭배한다.
③ 여성의 성은 소극적이고 수동적이라고 생각한다.
④ 여성에게 성은 의무이며, 쾌감은 금물이라고 생각한다.
⑤ 성적 관심, 호기심, 욕구를 부끄러워한다.
⑥ 성은 두렵고 고통스러운 것이라고 생각한다.

결과는 다음과 같습니다

3개 이상을 선택하셨으면 당신은 성 콤플렉스에서 자유롭지 못한 사람입니다.

'코로나 블루(corona blue)', 즉 코로나19로 인한 우울증과 무기력이 여전한 상황에서 대한민국 사람들은 뜨겁고 강렬한 음악인 트롯을 들으며 많은 위로를 받고 있다. 즉, 코로나 블루를 이겨내는 데 트롯이 큰 역할을 하고 있는 것이다. 이러한 트롯 열풍을 이끄는 프로그램인 <미스터트롯>을 방송하는 TV조선에서는, 2020년 9월 2일 예능 프로그램 <뽕숭아 학당>에 '트롯맨(남성 트롯 가수)' 네 명을 출연시켜 뱀 그림 그리기에 의한 성욕 심리 테스트를 진행했다. 진행자 붐은 "뱀 그림은 성욕을 의미합니다! 뱀의 몸통 굵기가 얇을수록 성욕이 없고, 뱀이 화려하고 굵을수록 성욕이 활기차지요"라고 설명했다.

트롯맨 네 명 중 이찬원과 장민호는 가는 뱀을 그렸고, 임영웅과 영탁은 두껍고 화려한 뱀을 그렸다. 그런데 영탁이 그린 뱀은 압도적으로 화려했을 뿐만 아니라 남다른 굵기도 자랑했다. 특히 똬리를 두 번 틀고 있는데다, 유독 이 뱀만 혀가 나와 있어 눈길을 끌었다. 붐은 "똬리는 활력의 청신호, 혀 또한 활력을 나타냅니다!"라며 영탁의 그림에 대해 "이 정도면 밤에 잠을 못 자는 겁니다! 똬리에 무늬까지! 지금 이 순간에도 성욕이 넘쳐나시는군요!"라고 부연설명을 했다.

04 굿바이, 성 콤플렉스!!!

진화심리학계에서는 종족 보존을 위해 수컷은 가급적 많은 씨를 퍼뜨리려고 하고, 암컷은 최상의 씨를 선택하려 한다고 주장한다. 즉, 종족 보존을 위한 재생산을 방해하는 모든 행위는 비정상적 성행위로 왜곡·폄하되면서 성 콤플렉스를 일으킨 것이다. 하지만 섹스는 종족 보존을 위한 재생산의 도구가 아니라 남녀의 성적 결합이어야 한다. 다시 말해 남녀가 섹스를 통해 인간적인 만남을 함으로써 동등한 관계를 맺고, 그 과정에서 자신의 욕망을 솔직하게 드러내야 한다. 그것이 자연스러운 결합이다.

지그문트 프로이트는 "인간은 모두 성욕이 있는 존재이며, 성은 쾌락의 수단이다. 그래서 쾌락의 목표 중 하나는 오르가즘이다. 남녀의 성욕과 성 행동에서 보이는 약간의 차이는 생식기 및 호르몬의 차이에 의한 것일 뿐이다"
라고 주장했다. 바로 그 '약간의 차이'가 21세기에도 여전
히 '남녀 성욕의 불균형에 관한 담론'의 주제가 되고 있다.
그러니까 "여성은 남성에 비해 성욕이 비교적 낮으며, 따
라서 은밀한 욕망이 없다"고 말할 수는 없다. 이것은 즉,
"남성은 자신의 성생활을 과장하는 데 비해, 여성은 자신
의 성욕을 숨기려 한다"는 사고방식을 버려야 한다는 뜻
이다.

　　호르몬 관련 뇌 연구에서는 남성들 중 대부분의 뇌에
서 성적 충동에 할애된 부분이 여성의 뇌의 것보다 2.5배
더 크다고 한다. 하지만 여성들은 뇌에서 생성되는 호르몬
인 아르기닌 바소프레신 수용체(AVPR)1A 유전자를 가지고
있기에 사회적으로 활발하며, 성적 욕망도 강하다. 더군다
나 이 유전자는 남성보다 여성에게 더 많다고 하니, 역시
성적 욕구는 남성의 전유물이 아님을 알 수 있다.

　　남자든 여자든 인간이란 그저 자신의 본능에 충실한 동물
이다. 그래서 평생 욕망과 쾌락을 끊임없이 추구하며, 그
것을 통해 존재의 이유도 찾는다. 그러니 욕구를 억압하고

금지시키려는 동서고금 사회의 모든 시도들이 심한 저항에 부딪쳐 무너진 것이다. 아니, 숫제 백성들의 욕구를 억압하고 금지시키려 했던 지배층이 정작 자신의 욕구에 대해서는 한없이 관대했다.

이제 현재를 살아가는 우리 모두가 알다시피, 성관계의 중요한 과제는 남녀 두 인격체의 결합이다. 그러니 성에 대한 잘못된 고정관념과 콤플렉스에서 벗어나 주체적인 선택을 하고, 그에 대한 책임도 스스로 져야 한다. 물론 여성도 자율적이고 책임지는 삶을 누리려면 섹스에 대한 편견을 버려야 한다. 여성의 성적 욕망과 쾌락은 남성에게 종속된 것이 아니라 여성 스스로 느끼고 책임질 특권이다. 남성의 소유물이 아니라 남성과 친밀한 관계를 이루는 인격체이다. 즉, 섹스는 남녀가 만나 동등하면서 완벽하게 하나가 되는 신성한 체험이다.

자, 그럼 남녀 두 인격체가 만들어가는 진정한 자유를 찾아보자!!!

05

똑똑한 여자가 되어야 하는 당신에게
- 지적 콤플렉스

지적 콤플렉스는 학벌이나 지식 등의 면에서 자신이 타인들보다 뒤쳐진다는 열등감을 가지면서 생겨난다. 특히 여성의 지적 콤플렉스는 종종 "남자들을 이기고 싶다!"는 식의 사회화에 대한 반항으로 표출되기도 한다.

여러분들은 혹시 "여자는 그릇 한 죽(10개 세트)만 셀 줄 알면 된다"는 말을 들어봤는가? 여자는 계산을 할 줄 몰라야 복이 많다는, 즉 재능이 없는 게 오히려 여자의 미덕이라는 뜻이다. 이렇듯 우리 어른들은 "여자는 너무 많이 알면 팔자가 세져 시집가는 데 지장이 있다" 같은 말도 하면서 여성들이 많이 배워 똑똑해지는 것을 막으려고 했다. 여성은 가사노동과 육아만 잘하면 된다는 식이다. 즉,

여성들을 현모양처가 되도록 세뇌교육을 했던 것이다.

사실 지적 능력에 대한 욕구는 누구에게나 있다. 하지만 여성들은 위에 소개한 것과 같은 소위 '성 역할에 따른 이분법'에 의해 지식을 얻을 기회를 가지기가 어려웠다. 따라서 남성들에 비해 심한 지적 콤플렉스를 가지게 되었고, 결국 사회 활동을 할 때에도 적극적이지 못했다. 그러니까 "여성은 남성에 비해 지적인 면에서 열등하다"는 사회의 '가르침'을 여성 스스로 내재화함으로써 '지적 콤플렉스'를 가지게 된 것이다. 그래서 예전 직장 여성들 중 상당히 많은 수가 "남자들과 일하는 게 더 편해요"라고 말하기에 이른 것이다.

오늘날 젊은이들은 여성이 지적 콤플렉스를 강요당했다는 사실을 믿기조차 어려울 것이다. 그러나 우리 여성들이 지적 콤플렉스에서 벗어나기 시작한 역사는 짧다. 19세기에 접어들어서야 참정권을 인정받았으며, 남자들과 평등하게 교육 받을 기회도 주어졌기 때문이다. 이때부터 여성들의 의식과 행동이 변화되었기 때문에 지적 콤플렉스에서 벗어날 수 있었던 것이다.

더군다나 한두 자녀만 낳고 키우는 게 대세인 오늘날에는 여자아이를 더 선호하는 편이고, 그래서 "여자니깐 적당히 배워 시집이나 가라"는 말을 하는 아빠들을 보기도 어렵다. 그래서 딸들도 부모의 전폭적인 지지를 받아 대학원이나 해외 유학도 가고, 예전에는 남자들만 진출이 가능하다던 직종에도 취업하며, 각종 고시와 대회도 휩쓸고 있다. 더 이상 "남성이 여성보다 지성 면에서 더 우월하다"고 그 누구도 감히 말할 수 없게 된 것이다.

01 다중인격의 현대 여성

당신은 "여자의 적은 여자다"라는 말에 동의하는가? 이 말에 동의하지는 않더라도 "금발머리 여자는 바보다" 같은 서양 사람들의 편견에 대해서는 들어봤을 것이다. 이를 소재로 한 영화 <금발이 너무해>도 나왔으니까. 혹은 여러분 주변의 능력 있고 잘 나가는 여성들을 볼 때마다 사소한 것이라도 그녀의 문제점을 드러내고 또 그것을 소재로 친구들과 수다를 떨고 싶을 것이다. 이는 "나도 갖고 있는 지적 욕망을 나는 못 이루었는데, 저 여자는 이루었구나!" 하는 질투심 때문이다. 물론 남자도 남자를 질투한다. 역사상의 쿠데타나 반란이나 암살이 그래서 일어나기도 했고, 심지어 지금도 잘 나가는 특정 남성에 대해 다른 남자들이 SNS나 유튜브 등에 악의적인 콘텐츠를 올리지 않는가.

그런데 "여자의 적은 여자다"라는 말이 나오게 된 데에는 상당히 씁쓸한 사정이 있다. 여성은 남성의 그늘 아래서 보호를 받으며, 남성의 뛰어난 지적 능력에 박수와 환호를 보내고, 심지어 자신의 지적 능력이 남성보다 열등해야 한다고 생각한다. 영화 <위대한 개츠비>에서 서로 사랑했던 개츠비 대신 부자의 아내가 되기를 택한 여주인공 데이지가 딸에게 울면서 말한 것을 기억하는가? 즉, 이것이야말로 사회화의 아픈 결과이다. 이러한 사회화 때문에 "여자가 너무 똑똑하면 팔자가 세진다/시집가는 데 지장 있다" 같은 고리타분한 말에 절대 동의하지 못하면서도 은근히 데이지처럼 살고 싶어 하는 이중적 잣대가 분명히 존재한다.

여성의 지적 콤플렉스가 표현되는 방식은 두 가지다.

하나는 지적으로 남성들보다 우월해지기 위해 지나치게 노력하는 것, 다른 하나는 자신의 열등함을 절대 인정 못 하기에 자존심을 내세워 그 열등함을 보상 받는 방식이다. 여성이 지적 능력을 쌓을 기회를 차단당하던 과거에 대한 보상심리의 발로인지, 지금은 스펙 쌓기에 지나치게 몰두하다 보니, '학벌/스펙 인플레이션'마저 발생했다. 너도나도 "그 정도는 배웠다/경험했다"는 식인 것이다. 결국 지적 콤플렉스가 과거에는 여성들이 배울 기회가 없었기 때문에 만들어졌다면, 요즘은 지나친 경쟁으로 인해 학벌이나 스펙을 따지면서 생기게 되었다. 한마디로 부정 입학이나 학력 위조가 지적 콤플렉스의 결과물이다.

그런데 자신의 열등함을 절대 인정 못하기에 자존심을 내세우다 보면 하게 되는 행위가 '하향평준화'다. 그러니까 자기를 높이려고 타인들 앞에서 자존심을 세우는 것이다. 이 자존심은 내가 업신여겨질까봐, 무시당할까봐 두려워 타인을 끊임없이 깎아내리도록 만든다. 타인을 지나치게 의식해서, 그래서 나를 과장해대는 자아인 것이다. 내가 타인들에게서 인정받지 못한다고 믿으면서 생겨난 열등감인 셈이다. 백화점 같은 데서 아무 잘못도 없는 점원들한테

"내가 누군지 알아, 이것들아!" 하는 식의 갑질을 '대단하신 그녀들'이 벌이는 이유이다.

02 혹시 나에게도 지적 콤플렉스가 있는가?!

지적 콤플렉스는 다양한 형태로 나타난다. 예를 들어, 내가 지적으로 열등하다는 생각이 지나쳐 공적인 자리에서 어떤 역할을 맡기를 두려워하거나 회피하는 식이다. 또한 남성처럼 행동하고 사고하려는 여성, 다른 잘 나가는 여성 앞에서 겉으로는 겸손을 가장하면서도 마음속으로는 지적 열등감에 사로잡혀 갈등하는 여성, 마지막으로는 남성들에게 지나치게 비뚤어진 적의를 보이는 여성들도 지적 콤플렉스가 있는 여성들이다. 그럼 과연 나는 지적 콤플렉스가 있는지 알아보자!

Q3. 다음 항목에서 해당하는 것에 표시하세요.

	항목	매우 그렇다	조금 그렇다	그렇다	그렇지 않다	절대 그렇지 않다
1	회의에서 여성이 하는 발언은 남성이 하는 발언에 비해 신뢰가 덜 간다					
2	많은 사람들 앞에서 발표하거나 발언하기가 어렵다					
3	남성들은 너무 똑똑한 여성을 좋아하지 않는다					
4	의견을 발표할 때 다른 사람들이 어떻게 생각할지 신경이 쓰인다					
5	기계를 제대로 다루지 못한다					
6	결혼한 여성은 굳이 공부할 필요가 없다					
7	정치나 경제 같은 시사 문제에 관심을 두지도, 신문이나 잡지를 챙겨 보지도 않는다					
8	여성은 과학이나 수학을 못한다					
9	사회나 진행을 맡는 건 남성이 또는 남녀가 같이 하는 것이 좋다					
10	남성과 여성의 역할은 따로 있다					

매우 그렇다: 5 / 조금 그렇다: 4 / 그렇다: 3 / 그저 그렇다: 2 / 절대 그렇지 않다: 1

35점 이상

지적 욕구는 인간의 당연한 욕구입니다. 그동안 사회가 당신에게서 빼앗아온 그 욕구를 당당히 누리세요.

34~25점

아직도 많은 사람들 앞에서 당신의 의견을 내놓기를 망설이세요? 그건 당신이 원래 그런 것이 아니라 다만 기회가 없었을 뿐입니다.

24점 이하

자신의 의견을 세상에 당당하게 내놓는 당신이 아름답습니다. 당신의 지적 욕구가 세상을 좀 더 평등하게 만드는데 큰 힘이 되어줄 겁니다.

03 화성에서 온 남자, 금성에서 온 여자

지적 콤플렉스에도 남녀의 차이가 있을까? 이에 대해 진화심리학자들은 남성을 사냥꾼으로, 여성을 채집자로 역할 분담을 했다. 즉, 남자는 정보를 얻기 위해 팩트(fact)를 중요하게 여기고, 여성은 공동 작업을 해야 하니 감정을 읽는 능력이 진화했다는 것이다. 사회에서의 행동 면에서도 남성은 논리적·진취적·공격적인 반면, 여성은 모성 본능이 강하고, 감성적인 성향을 나타낸다는 것이다. 이렇듯 사회적인 뇌부터 남성과 여성은 다르다는 것이다. 하지만 근대 이후 여성이 교육받을 기회가 확대되면서 저러한 사회 통념은 진작 깨졌다. 세상은 더 이상 남성에게는 사회적 역할만을, 여성에게는 가정에서의 역할만을 강요하지 않는다.

사실, 교육의 기회마저 가지기 어려웠던 예전 여성들은 자기 비하에 빠져서 "그래! 여자들 머리는 새 머리야!" 같은 식의 비논리적 사고와 열등감을 가진 채 살았다. 심지어 교육을 많이 받은 전문직 여성들조차도 여전히 "난 다른 여성들보다는 우월하지만, 남성들에 비하면 덜 논리적이고 덜 분석적이야"라고 생각하는 식의 지적 콤플렉스를 가졌다. 즉, 배운 여성이든, 배우지 못한 여성이든 지적 콤플렉스를 가졌던 것이다.

하지만 지금 다들 알다시피 여성은 남성보다 열등하지도 뒤떨어지지도 않는다. 여성과 남성의 지적 능력에 차이가 없다는 연구 결과도 있다. 단지 생물학적 특징과 사회적 역할 분배에 따른 사회화 과정이 다를 뿐이다. 즉, 사회를 구성하는 다양한 개인의 차이가 있을 뿐이다. 심지어 사회적 역할 분배마저 더 이상 고정적이지 않다. 남자만이 할 수 있다던 일을 여자도 하고, 또 여자만 한다던 일을 남자도 하지 않는가. 결국 지적 콤플렉스에서 벗어나려면 일단 자신의 지적 능력을 확인해봐야 한다. 예를 들어, 작은 것부터 성취해가는 연습이 필요하다.

04 알파걸의 딜레마 - 굿바이, 지적 콤플렉스!!!

알파걸(Alpha Girl)은 여성에 대한 편견과 차별을 극복한, 즉 실력을 인정받은 여성이다. 미국 하버드 대학 아동·

청소년심리학자 댄 킨들런 교수가 2006년 그의 저서 『알파걸, 새로운 여자의 탄생』으로 소개했다. 알파걸은 공부, 운동, 대인관계 등에서 또래 남학생들보다 대등 혹은 그 이상의 성과를 낸 엘리트 여성이다. 그러니까 알파걸은 지적 콤플렉스를 극복한 여성이다.

하지만 알파걸도 나름대로 힘든 점이 많다. 편견과 차별에 맞서야 하다 보니 더 강인하고 철저하게 자기 자신을 옥죈다. 심지어 남자보다 더 남자로서 행동하고 사고한다. 알파걸의 이러한 심리적 압박은 병리적 문제로도 대두되었다. 그중 하나가 '가면 증후군(imposter syndrome)'이다. 이는 자신에게 충분한 능력이 있으니까 성공했는데도 불구하고, "난 그저 운이 좋아서 혹은 주변을 잘 속여서 성공한 거야. 언젠간 들켜서 쫓겨나고 말겠지"라고 불안해하는 심리다. "나는 지금도 배가 고프다"는 식으로 성공을 한 후에도 여전히 자기회의(self-doubt)에 빠져 산다.

이러한 가면 증후군에서 벗어나려면 '난 여자잖아! 아마 안 될 거야'라는 편견에서 벗어나야 한다. 그러니까 여성과 남성은 당연히 다르고, 여성이 남성보다 잘나가는 분야도 있다는 사실을 인정해야 한다. 그러면 자신이 속한 조직과 사회에도 건설적이고 긍정적인 영향을 미칠 것이다. 결국 무엇이든 마음먹기에 달린 것 아닌가. '난 여자니까'라는 편견을 버리고, 내가 지금 하고 있는 일 자체에서 의미를 찾자. 남성스러움을 장착하지 않아도, 싸움닭이 아니어도 충분히 성공할 수 있다! 여성의 특징인 공감 능력과 모성본능 등을 기반으로 영광스러운 성공을 달성해보는 것은 어떨까!

06

엄마 없이는 못사는 당신에게

- 마마걸 콤플렉스

가부장적 가족제도가 사라지면서 소위 '살림밑천'이라던 장녀도 사라졌다. 즉, 동생들의 성공을 위해 큰누나(장녀)의 희생을 당연하게 생각했던 우리 엄마 세대의 전유물인 '맏딸 콤플렉스'가 사라진 것이다. 이는 우리 사회가 1980년대부터 한두 자녀 시대에 들어선 결과 엄마와 아이들의 사이가 더욱 돈독해진 결과이다. 그래서 엄마 없이는 아무것도 할 수 없는 소위 '마마걸(Mama's Girl)/마마보이(Mama's Boy)'마저 나타났다. 이는 엄마와 아이를 동일시하는 '애착'이 지나치게 강해졌기 때문이다. 이로 인해 여성들의 경우 '마마걸 콤플렉스'마저 나타났다.

'마마걸 콤플렉스'는 엄마와 딸의 애착이 지나쳐 엄마

와 딸이 분리되지 않은 상태이다. 사실 엄마는 딸이 자신과 달리 멋지게 살기를 바란다. 그래서 딸에게 성공에 대한 자신의 욕망을 투사한다. 그래서 딸은 어릴 때부터 엄마가 짜준 시간표대로 생활하다 보니, 어른이 되어 직장생활이나 결혼생활을 할 때에도 엄마에게 의존하기 마련이다.

2010년에 개봉한 애니메이션 <라푼젤>은 주인공 라푼젤과 양어머니 고델의 이야기다. 성년이 되는 18세 때까지 라푼젤은 탑에 갇힌 채 밖으로 나가지 못했다. 고델은 자신이 얼마나 희생적으로 라푼젤을 돌봤는지 강조하면서, 바깥세상에는 무서운 도둑과 강도들이 판친다고 말한다. 그러면서 "엄마가 제일 잘 안단다(Mother knows best!)"라고 덧붙인다. 그런데 고델은 라푼젤을 과잉 사랑하는 것 같지만, 실은 '눈에 보이지 않는 폭력과 억압'을 라푼젤에게 가하고 있는 것이다. 즉, 라푼젤은 마마걸 콤플렉스에 잡혀 있는 여성들을 상징하는 캐릭터이다.

01 우리 엄마는 천사일까? 혹시 악마는 아닐까?

"신이 바쁘면 '엄마'라는 천사를 보내고 악마가 바쁘면 '술'이라는 악마를 보낸다"는 말이 있다. 그럼 우리네 엄마들은 모두가 천사일까? 사실 마마걸은 엄마를 너무나 좋아해서 성인이 되어도 유아적인 사고와 행동을 버리지 못하고, 엄마에게 지나치게 경제적 · 정신적으로 의지한다. 늘 엄마에게 묻고 허락을 구하는데, 심지어 남자친구를 사귈 때도 "나보다 인생 경험이 많은 엄마의 지시를 따르겠다"면서 사소한 문제에 대해서까지 엄마의 조언을 구한다. 한마디로, 자율성이 없다.

남아선호사상 때문에 마마보이가 먼저 등장했지만, 한 자녀 가정이 늘면서 딸에 대한 부모의 과보호와 왜곡된 교육관이 마마걸을 만들어내고 있다. 그래서 엄마가 만들어낸 엄마의 인형은 오늘도 슬프고 안쓰럽다.

마마걸은 고학력 전업주부와 함께 등장했다. 경제 발전의 결과 여성들도 대학에 갈 수 있게 되면서 여대생이 급증하던 1960년대 후반부터 대학을 다닌 세대가 마마걸을 만들어냈다. 이들은 딸을 조정·통제할 수 있는 지적·경제적 능력이 있고, 딸을 통해 대리 만족하려는 경향도 강하다. 딸은 자기처럼 전업주부로 살 게 아니라 사회에서 멋지게 성공하기를 바라는 것이다. 즉, 딸을 엄마 자신과 동일시하면서 엄마의 욕망을 딸에게 투사하는 것이다.

더 심각한 문제는 바로 엄마의 모순된 심리다. 딸에게 주체적으로 살라고 하면서도 정작 속으로는 딸의 진정한 독립을 원하지 않으니까. 즉, 딸이 자신의 삶이 아니라 엄마의 삶을 살기를 바라는 것이다. 이렇듯 딸이 독립함으로써 자신과 분리되는 걸 원하지 않는 엄마는 다 큰 딸에게 끊임없이 심리적·물질적 후원을 해준다. 그것은 아마도 딸이 자신에게 의존하기를 바라기 때문일 수 있다.

"너에겐 내가 필요해! 너 혼자서는 절대로 못해!"
"내가 너한테 안 해준 게 뭐니?"
"이 모든 게 너 잘되라고 해주는 거야! 널 사랑하기 때문이야!!!"

오늘도 이러한 말을 우리 엄마에게서 들었다면, 우

리 엄마는 천사가 아니라 감정을 악용하는 악마일지도 모른다.

02 그녀는 왜 마마걸이 되었을까?

마마걸 중에는 사회적으로 성공하는 여성이 많다. 이상하다고? 오히려 자아가 약하고 자기 선택 능력도 부족한 사람이 성공하는 편이다! 그런 사람은 엄마의 기준을 맞추면서 살기 때문이다. 엄마가 자식에게 좋은 대학, 좋은 직장을 강요했기 때문이다. 즉, 마마걸은 사회가 요구하는 기준에 맞춰 양육하는 엄마와 지나치게 밀착되어 있기에 성공할 가능성이 높다는 것이다. 즉, 엄마를 기쁘게 해주기 위해서 기를 쓰고 성공하려는 것이다.

그런데 이렇듯 스스로 생각하지도 판단하지도 못하고 엄마의 뜻대로 움직이는 마마걸은, 심각할 경우 사회생활을 제대로 하지 못한다. 심지어 다양한 사회 문제를 일으킨다. 왜 그럴까?

첫째, 마마걸은 자신의 일만 생각하고, 자신의 일에만 열정을 가지고서 몰두한다. 그래서 타인의 감정이나 처지를 이해하지 못한다.

둘째, 마마걸은 연애나 결혼생활에 문제가 생길 수 있다. 엄마의 교육으로 인해 '성욕은 음란한 것이다'라는 식의 죄책감이 무의식에 새겨져 있어서 결혼 후에도 섹스와 관련된 문제로 고통스러울 수 있다.

셋째, 마마걸은 선택결정장애를 가지는 편이다. 항상 모든 결정을 엄마가 해주었기에 자신이 직접 선택하는 것은 상상하기도 힘들기 때문이다. 심지어 중국집에서 자장면을 먹을지 짬뽕을 먹을 지조차도 결정하기가 어렵다.

넷째, 마마걸 중 대부분은 자신이 마마걸이라는 사실을 모른다. 마마걸은 친구보다 엄마가 우선이기에 친구들보다는 엄마에게 의존하는 편인데도, 자신이 마마걸이라는 지적을 받으면 강력히 부정한다.

마지막으로, 마마걸의 엄마는 아빠와의 관계가 좋지

않을 가능성이 높다. 즉, 가정불화가 심한 편이다. 사실 남편과의 사이가 별로 좋지 않은 엄마들은 유난히 자식에게 의존하는 경향이 있다. '내 딸은 나처럼 살게 하지 않겠어!'라는 마음에서 더더욱 '엄마의 인형'을 가꾸는 데 정성을 쏟는다. 엄마 자신이 이루지 못한 성공을 딸을 통해서 이루려는 투사심리와 보상심리가 발현되는 것이다. 그 결과 자신이 딸로 '빙의'하여 자신의 이상형(딸의 남편감)을 만나려고까지 한다.

만약 내 여자 친구가 엄마와 지나치게 밀착되어 있는가? 예를 들면, 데이트를 하는 도중에 식당에서 밥을 먹고 차를 타려는데 "우리 아가 운전하니? 우리 아가 안전벨트 맸니?" 등의 쓸데없는 것들로 시시콜콜 간섭을 한다면, 틀림없이 내 여자 친구는 '엄마의 인형'일 가능성이 높다.

03 마마걸이 착각하는 것

"어쩔 때는 엄마를 죽여 버리고 싶어요!"라고 말한 내담자가 있다. 자신을 너무 사랑하는 엄마한테 그런 감정을 갖는 것에 죄책감이 든다면서⋯. 충격적인가? 미친 것 같은가? 하지만 이 내담자가 정말 비정상적이라서 이런 감정을 가진 것은 아니다. 사실 이 복잡한 세상에서 살아가면서 과연 정상적으로 살아가는 사람이 몇 명이나 되겠는가?

이 내담자에게 엄마는 자신의 안녕과 행복을 위해 반드시 필요한 존재다. 하지만 그녀의 자율성을 방해하는 존재이기에 그런 감정에 시달리게 된 것이다. 즉, 엄마의 지나친 애정과 관심 때문에 엄마에 대한 분노가 아주 많이 쌓인 것이다. 사실 인간은 갓난아기였을 때조차도 배가 부르면 우유를 뱉어내면서 고개를 돌려버린다. 이렇듯 자율성은 본능이다.

엄마와 자식은 엄마 뱃속에서는 한 몸이다. 하지만 자식이 세상에 나오는 순간 엄마로부터 신체적으로 독립한다. 그리고 자식은 사춘기를 지나면서 심리적 독립을 시도하고, 20대 후반에 가면 비로소 경제적 독립을 한다. 하지만 마마걸은 성인이 되어서도 모든 의사결정을 직접 하는 것을 어려워하고 두려워한다. 엄마로부터 독립하지 못한 채 엄마의 통제 속에서 살면서 갈등한다. 아마 마마걸은 그 갈등조차 즐기는지도 모른다. 결국 마마걸의 자아는 너무 약해서 일종의 '보조자아'가 필요하고, 이 '보조자아'의 역할도 엄마가 하는 것이다.

04 굿바이, 마마걸 콤플렉스!!!
- 마마걸에서 엄마와 딸로

마마걸이 엄마로부터 심리적·경제적 독립을 못하는 이유는 도대체 무엇일까? 한번 주변을 돌아보라. '약하고 못난 사람이 유난히 효자'인 경우가 많다. 이렇듯 마마걸도 '효도'를 내세운다. 그러니까 "어떻게 감히 엄마의 뜻을 거역하겠어요!"라는 식이다. 자신만 보고 살아온 엄마에게 효도는 못할망정 모른 척 할 수 없다는 뜻이다. 하지만 엄마들이 하고 있는 딸 사랑법은 기형적이고 그릇된 집착과 욕심이 한 꺼풀 씌워 있다는 사실을 우리는 잊어서는 안 된다.

하지만 우리의 모든 부모, 특히 엄마는 자식의 탄생

을 일방적 희생으로 여기지 않는다. 즉, 우리의 탄생 자체가 엄마에게 드릴 수 있는 커다란 선물인 셈이다. 당신은 태어나서 엄마의 젖을 빨며 방긋방긋 웃어주고, 유치원 다니면서 재롱을 떨어주고, 바르게 자라줌으로써 세상의 소중한 웃음과 행복, 기쁨을 엄마에게 충분히 드렸다.

결국 효도는 사소한 일에 대한 것조차 직접 결정하지도 책임지지도 못해서 엄마에게 묻고 행동하는 '엄마의 인형'이 되는 것이 아니라, '야무지고 당당하게 그리고 행복하게' 살아가는 모습을 엄마에게 보여드리는 것이다. 할머니가 엄마에게 그러했고, 엄마 또한 내게 그러했듯이, 내가 받은 사랑을 내 자식에게 물려주는 것이 진정한 효도일 것이다.

엄마도 엄마만의 삶을 가질 수 있게 해드려야 한다. 엄마를 자유롭게 놓아드려야 한다. 그러려면 무엇이 필요할까? '마마걸'이 아닌 '엄마의 딸'로서 '2% 모자란 사랑'을 드려야 한다. "애매할 때는 자유를, 필요할 때는 일치를!!!"

마마걸들이여, 우리는 엄마의 몸을 빌려 세상에 나왔

다. 그러니 항상 감사하는 마음을 갖고서 살자. 그러면서 엄마에게 우리가 독립적인 존재로서 행복하게 살아가는 모습을 보여드리자! 그리고 엄마가 주신 사랑을 앞으로 내 자식들에게 물려주자. 그것이 진짜 효도다! 마마걸 콤플렉스에서 벗어나는 길이다!!!

07

남의 불행을 자신의 행복으로 여기는 당신에게

- 계모왕비 콤플렉스

당신은 질투로부터 자유로운가? 크고 작은 질투를 안 해본 여성이 과연 존재할까? 윌리엄 셰익스피어의 비극『오셀로』의 악당 아이고의 유명한 대사처럼 '질투는 초록색 눈의 괴물이고, 인간은 먹이'일지도 모르겠다. 그렇다면 질투란 혹시 인간의 본능일까?

질투는 욕망을 가진 인간에게는 당연한 본능일 수 있다. 특히 여자로 태어난 이상 완전히 버릴 수는 없다. 하지만 우리가 가진 질투심의 절반 이상은 처분해야 하는 못난 감정이다. 왜냐하면 타인이 나를 공격해서가 아니라, 내가 가진 질투심 때문에 나 스스로에게 입힌 상처가 결국 종양처럼 나를 갉아먹어서다. 백설 공주의 계모이기도 했던 마녀가 가장 대표적인 사례이다.

이 왕비로부터 유래한 '계모왕비 콤플렉스'는 질투심이 많고 허영심이 가득한 여성에게 나타나는 콤플렉스이다. '누가 날 좀 봐 줬으면' 하는 듯이 꽤나 신경을 쓴 옷차림, 머리모양, 화장 등을 하고서 고개를 빳빳이 들고 다니는 여자는 십중팔구 계모왕비 콤플렉스 증세를 보인다.

물론 질투는 자신의 자원을 빼앗기지 않기 위한 자연스러운 감정이다. 그리스-로마 신화에서 가정과 부부관계를 담당하는 여신 헤라는 질투로도 유명한데, 그녀가 질투를 하는 경우란 오직 남편이자 신들의 왕인 제우스가 바람을 피웠을 때다. 즉, 신들의 왕후라는 그녀의 자리를, 아니 남편을 다른 여신이나 인간 여성에게 빼앗길까봐 전전긍긍하여 질투하는 것이다. 결국 내가 갖지 못한 것을 가진 사람에게 품는 시기심과 달리, 내가 가진 것을 빼앗길까봐 전전긍긍하는 게 질투이다. 시기심이 미래지향적 감정이라면, 질투는 과거지향적 감정인 셈이다. 당신은 시기하는가? 아니면 질투하는가?

01 백설 공주는 그렇게 예뻤을까?

어른이 되어 『백설 공주』를 다시 읽으니 왕비가 백설 공주에 대한 질투심 때문에 점점 사악한 인간으로 변해가는 모습이 가슴 아프다. 그러니까 질투라는 감정이 얼마나 '처리'하기 어려운 감정인지를, 못난 감정인지를 어른이 되어서야 뼈저리게 깨닫는 것이다.

사실 왕비는 처음부터 마녀가 아니었다. 아름다운 왕비에서 사악한 마녀로 타락해간 것이다. 그러기까지 '질투'의 감정은 왕비의 마음을 점점 좀먹었다. 자신이 세상에서 가장 아름다운 여인이 아니라는 사실을 인정할 수 없었기 때문이다. 결국 왕비는 '백설 공주를 죽이는 방법'의 강도를 점점 더 높였다.

처음에는 사냥꾼더러 백설 공주를 죽이게 했지만 실패하자 직접 허리띠를 들고 백설 공주를 찾아간다. 허리띠를 졸라매 질식시켜도 일곱 난쟁이들이 허리띠를 풀어내 백설 공주를 살려냈다. 다음에는 독을 묻힌 머리빗을 들고 가서 백설 공주의 머리를 빗겨준다. 그래도 일곱 난쟁이들이 백설 공주를 다시 살려내니, 왕비는 마지막 수단으로 독이 든 사과를 사용한다. 하지만 왕비의 속임수에 익숙해진 백설 공주의 의심을 불식시키기 위해 사과의 반쪽에만 독을 묻히고서. 독이 묻지 않은 쪽을 자신이 직접 먼저 먹었다.

질투에 눈이 멀어 마녀가 된 왕비의 가장 큰 문제점은 절대 누구와도 진심으로 협력하지 않는다는 점이다. 그녀는 이 세상에서 오직 마법의 거울만 믿는다. 다른 모든 사람을 '나를 빛나게 하는 인생의 조력자'쯤으로 생각한다. 한마디로 자기 빼곤 모두 엑스트라인 것이다.

물론 왕비는 원래 돋보일 정도로 아름다웠다. 하지만 늘 불안해하고 두려움에 떤 이유는 "내가 미모를 잃는 날 지금의 내 자리를 박탈당할 수 있다!"는 공포심과 "세상에서 내가 제일 잘났어!!! 나보다 더 잘난 여자는 존재할 수도 없고, 존재해서도 안 돼!!!"라는 나르시시즘 때문이다. 이러니 남들을 하찮게 본 것이다.

왕비는 자신이 불행한 이유가 이런 마음가짐 때문임

을 자각하지 못하고 '백설 공주가 나보다 예쁘기 때문'이
라고 생각했다. 하지만 그것은 역시나 치명적인 착각이었
다. 이 착각이 눈부시게 아름답던 왕비를 못된 마녀로 타
락시켰다. "얼굴이 예쁘면 여자냐?! 마음이 고와야 여자
지!"라는 옛 어른들의 말이 생각난다.

02 계모왕비의 끝은 어디일까?

　　행복하거나 긍정적인 사람들의 공통점은 타인을 존중
하고 배려한다는 점과, 따뜻한 공감의 특성을 가지고 있다
는 점이다. 대궐에서 쫓겨난 우리 백설 공주도 일곱 난쟁
이와 함께 살면서 '타인과 함께 사는 법'을 배운다. 물론
백설 공주의 더부살이는 생존을 위한 것이었지만, 공주는
난쟁이들과 함께 살아가면서 청소와 요리, 바느질은 물론
'평범한 사람들의 고단한 세상살이'까지 배우며 더 성숙해
졌다. 더욱 아름다워진 것이다.

　　반면 왕비는 그토록 많은 사람을 곁에 두고서도 그중
누구와도 따스한 연대감을 나누지 못한다. 질투심과 지배

욕이 그녀의 마음속에서 똘똘 뭉쳐 있다 보니 어느 누구와도 정서적 유대감을 가져보지 못했을 것이다. 이것이 왕비가 결국 마녀로 전락한 이유다. 연대의 결핍으로 인한 외로움!!

행복한 사람들은 자신에게 놓인 환경적 결핍에도 불구하고 '타인에 대한 존중과 이해' 속에서 세상을 향한 진심 어린 애정을 느낀다. 행복의 뿌리는 연대감, 즉 '더불어서 함께 살아가는 것'이지 소유욕이나 성취감이 아니기 때문이다.

결국 내가 누군가에게 필요한 존재라는 생각, 타인이 존재하기에 내 삶도 더욱 풍요로워진다는 생각이 삶의 포인트가 아닐까 한다.

03 여자는 남자보다 질투심이 강할까?

'질투(嫉妬)'라는 글자에는 계집 녀(女) 자가 들어 있다. 그럼 정말로 여성은 질투심이 남성보다 상대적으로 강할까? 여성이 남성보다 질투심이 강하다는 건 경험에 의해 나온 편견이지 과학적 연구 결과물이 아니다.

뇌 스캔 등 여러 연구 결과 남자들의 질투가 좀 더 강하다는 사실이 밝혀졌다. 심지어 진화심리학자들은 "남자들의 질투심은 '자원 관리' 차원에서 이익이 더 큰 쪽으로 '진화'해왔다"고 주장한다. 즉, 남자들은 더 큰 이익을 위해 자신의 질투심을 억누를 수 있게 되었다는 것이다.

또 다른 과학적 근거를 살펴보자. 일본 교토 대학 의학대학원의 다카하시 히데히코 교수팀은 "fMRI 촬영을 했더니 남성들의 질투심은 대뇌 변연계와 관련된 영역, 즉 편도체·해마·시상하부와 관련이 있으며, 여성의 질투심은 뇌 영역의 가운데 부분인 자기 추론과 관련된 고위 인지 기능을 담당하는 부위와 관련이 있음을 확인했다"고 주장했다. 즉, 남성의 질투는 본능적이고, 여성의 질투는 지적이라고 볼 수 있다. 예를 들어, 남성은 섹스 파트너를 다른 남성과 공유하기 싫어서, 여성은 자신에게 주어진 것을 잃을 수도 있다는 두려움 때문에 질투를 한다는 것이다.

결국 질투라는 감정은 지금도 진화하고 있는 인간들의 공동체에는 부정적일 수 있으나, 어쩌면 '종족 보전을 위해 남녀의 관계를 단단히 맺어주는 접착제'의 역할을 하는 것은 아닐까 싶다.

04 **내 질투심은 얼마나 강할까?**

　　누구나 한 번 이상 질투에 사로 잡혀 밤잠을 이루지 못하고 괴로워한 적이 있을 것이다. 그래서 내 질투심이 어느 정도인지를 파악할 수 있게 해주는 질투심 테스트를 소개한다.

Q4. 다음 문항들을 잘 읽어보고 나에게 해당하는 점수를 각각 적어보세요. '항상 그렇다'는 2점, '가끔 그렇다'는 1점, '거의 그렇지 않다'는 0점입니다.

1. 그와 외출할 때마다 그가 다른 여성을 어떻게 대하는지 주의 깊게 살핀다.
2. 그는 항상 다른 사람과 나를 비교하고, 나에 대해 비판적으로 이야기한다.
3. 혼자 있는 시간을 잘 견디지 못하기에 늘 주변에 사람이 있어야 한다.
4. 여가 활동이 재미없어도, 그와 함께 있기 위해 나의 시간을 내준다.
5. 그가 떠나버릴지도 모른다는 불안감 때문에 싸움을 회피한다.
6. 그가 저녁에 혼자 외출하는 것을 받아들이기가 쉽지 않다.
7. 다른 사람이 나보다 성공하면 마음이 편치 않다.
8. 그가 늦게 귀가하면 '다른 여자와 바람이 난 건가?'라고 생각한다.
9. 그가 나를 속이지는 않는지 확인한다. 예를 들어, 주머니 속이나 휴대폰 메시지를 뒤진다.

10. 그에 대해 질투하는 것은 그에 대한 관심과 사랑의 증거라고 생각한다.

11. 그가 전화 통화를 할 때마다 누구와 무슨 말을 하는지 귀 기울여 듣는다.

12. 그를 잃을 수도 있다는 생각을 하노라면 너무 힘들다.

13. 내가 그를 너무 구속한다는 이유로 그와 싸운 적이 있다.

14. 그가 혼자 외출하면 마음이 편치 않다.

15. 다른 사람이 그에게 호감을 갖고 대하면 몹시 흥분한다.

16. 그의 말이나 행동 때문에 화가 날 때마다 두통이나 복통 등 신체적 고통을 느낀다.

17. 그가 다른 사람(이성)에 대한 이야기를 하면 소외감을 느낀다.

18. 그의 기분이 좋지 않으면, '그가 나를 더 이상 사랑하지 않는 것은 아닐까?'라고 생각한다.

합산한 점수가 다음과 같습니다

25점 이상

항상 질투심을 느끼며, 자신이 질투심에 빠져 있는 희생자라고 생각하시는군요. 그래서 질투심으로 황폐해지는 것을 막기 위해 심리치료가 필요할 듯합니다.

18~25점

질투심을 어느 정도 갖고 있지만, 힘이 들 정도는 아닙니다. 자신의 장점을 직시하세요. 그리고 자신의 장점을 직시하는 방법을 배우세요.

계모왕비 콤플렉스에서 벗어나기

이쯤에서 여러분은 백설 공주보다는 왕비에게 더 연민을 느낄 것이다. 왜일까?

왕비는 과거형의 인간이다. 그래서 자신이 지금 가지고 있는 것, 소유하고 있는 것을 잃어버릴까봐 두려워하고 있다. 아울러 '의붓딸을 질투했으니, 언젠가는 천벌을 받을지도 모른다!'는 두려움도 항상 가지고 살아간다.

심리학자로서 왕비에게 조언을 한다면 "인생의 목표를 수정하는 것이 어떨까요?"라고 말하고 싶다. "더 예뻐지자! 아니, 나보다 더 예쁜 사람을 죽여 버리자!"는 것이 아니라, 자신의 부정적 감정을 객관적으로 보는 연습을 하도록 권하는 것이다.

사실 질투심을 인정하면 정말 부끄럽고 죄책감마저 들 것이다. 그리고 이는 어쩌면 인간의 자연스러운 본능이다. 하지만 이보다 더 중요한 것은 내가 품고 있는 질투심 자체를 그대로 인정하는 것이다. 그리고 이 질투심을 '내 안에 존재하는 작은 아이'라고 생각해보자. 그리고 언제든 찾아올 수 있는 질투심에게 말을 걸어보자. 그러면 이번에는 질투심이 왜 생겼는가를 냉정하게 분석해볼 수 있다. 이렇게 자기 자신을 성찰하면서 자신의 진짜 목표는 무엇이고, 그것을 이루기 위해서는 무엇을 해야 할지를 생각해보는 것이다.

다른 사람의 불행을 보고 행복해하기보다는 다른 사람으로 인해 즐거워지는 법을, 나로 인해 다른 사람도 행복해지는 법을 새로운 인생의 목표로 설정하자! 부정적인 감정을 통제하자! 그리고 이를 나 자신의 성장에 활용해보자! 이것보다 멋진 일이 또 있을까!!!

II

콤플렉스를
이긴(극복한) 여성들

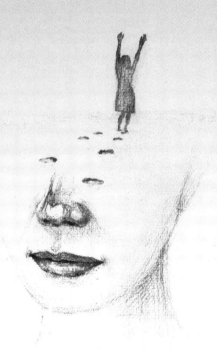

01

간절한 바람을 가져야 하는 당신에게

성공의 의미를 돈(물질)이 아니라 그 이상의 삶을 추구하는 것으로 보고서 실행하는 여성들이 있다. 왕가리 무타 마타이, 오프라 윈프리, 테레사 수녀가 바로 그녀들이다.

01 왕가리 무타 마타이

왕가리 무타 마타이는 '푸른 희망' 혹은 '나무의 여인'이라 불리는 여성이다. 마타이는 흙투성이 옷을 걸치고, 두 손으로 곡괭이를 들고서 뜨거운 태양 아래에서 나무를 심었다. 1977년부터 그녀의 조국 케냐에 심은 그 나무의 수가 무려 4,500만 그루에 달한다. 마타이는 이렇듯 숲을 되살리기 위해 전 세계를 누비는 환경운동가였다. 또한 여성인권운동과 민주화 관련 활동으로 2004년 아프리카 여성 최초로 노벨 평화상을 수상했다.

마타이는 1940년 아프리카 동쪽의 나라 케냐에서 태어났다. 당시 케냐에서는 여자아이를 학교에 보내지 않는 게 일반적이었다. 하지만 마타이의 부모님은 여자도 교육을 받아야 한다고 생각했기에 주위의 반대에도 불구하고 그녀를 학교에 보냈다. 마타이 자신도 강한 열정을 가지고 공부에 매진했다. 결국 마타이는 대학은 물론 미국 유학까지 갈 수 있었다.

미국에서 돌아온 마타이는 나이로비 대학 수의해부학과의 조교수가 되었다. 케냐가 더 잘살 수 있는 방법을 연구하던 마타이는, 당시에 케냐가 겪던 많은 어려움이 대부분 환경 파괴에서 비롯되었다는 것을 알게 되었다. 그래서 케냐의 환경 문제에 깊은 관심을 가지게 된 마타이는 그린벨트 운동을 시작했다. 이로써 아프리카에서도 생태적으로 가능한 사회적·경제적·문화적 발전이 촉진된 것이다.

그린벨트 운동을 하던 마타이는 1978년부터 무려 24

년간 케냐를 지배했던 대니얼 아랍 모이의 독재정권에 수차례 체포당하기도 했다. 그녀가 인권·민주화 운동에도 힘썼기 때문이다. 즉, 마타이는 구호만 외치거나 친구들과 불평만 해대는 대신 정의롭고 진실한 행동을 함으로써 확실한 결과를 성취했던 것이다.

마타이의 활동은 오늘날에도 인권의 사각지대에 놓여 있는 아프리카 여성들에게 실질적인 도움이 되었을 뿐만 아니라, 희망의 씨앗도 제공했다. 마타이는 2011년에 사망했지만, 그녀가 뿌린 희망의 씨앗은 아프리카 여성들의 가슴속에서 지금도 살아 숨 쉬고 있다!!!

02 오프라 윈프리

미국의 유명 방송인이자 가장 영향력 있고 존경 받는 인물 중 한 사람이 된 오프라 윈프리의 명언들 중 몇 개를 소개한다.

"돈 때문에 하는 일이 아니라면 돈 생각은 아예 잊어

라. 봉사를 하면서도 대가를 바라면 안 된다. 희생을 하면서도 대가를 바라서는 안 된다. 어떤 대가나 돈을 위해서 하는 것이 아니라면 '그냥 주겠다'는 마음이 있어야 한다. 그러한 마음을 가지고도 돈 생각이 든다면 자신의 순수한 의도마저 사라질 것이다."

"남들의 호감을 얻으려고 애쓰지 말라. 남들의 호감을 얻으려다가는 자신에게 소홀해진다. 그러다 보면 자꾸 다른 사람들을 의식하게 되고, 눈치를 보게 된다."

"포기하지 말라. 포기는 또 다른 장벽을 만든다. 포기도 습관이 되면서 자꾸 도망 다니게 되기 마련이다. 우리의 삶은 도전을 통해서 체험과 경험을 얻는다. 포기하는 순간 인생의 값진 참 교훈을 얻지 못할 것이다."

윈프리는 1954년 미국 미시시피 주의 가난한 흑인마을에서 사생아로 태어났다. 농장의 가축들이 유일한 친구였을 정도로 그녀는 절망적인 환경에서 성장했다. 청소년기에는 마약과 담배에 손을 대고, 자살 시도도 했다. 하지만 인생은 새옹지마, 그녀가 맡은 토크쇼에서의 창의적이고 재치 있는 즉흥적 감성 전달 능력 덕분에 오프라 윈프리의 전설이 시작되었다. 사실은 폐지될 예정이던 토크쇼가 '윈프리'의 이름이 붙여질 정도의 큰 흥행을 이루게 되었다.

1986년부터 2011년까지 진행된 윈프리의 토크쇼에는 미국 대통령 5명을 비롯한 정치인, 종교인, 예술가, 연예인, 운동선수 등 무려 3만 명 이상의 유명인사들이 출연했다. 전 세계 140개국에서 방송하고, 하루 시청자 수 700만 명을 기록하는 등 대박을 쳤다. 세계에서 가장 스마트한 젊은이들을 모아놓은 하버드 대학 졸업식 연설 요청을 받고서 던진 그녀의 명언이 생각난다.

"머지않아 아침이 올 겁니다. 어려움은 지속되지 않을 것이며, 이 또한 지나갈 겁니다!!!"

윈프리는 알고 있었다. 가장 똑똑한 이들에게도 성공할 때까지 고생스러움과 외로움이 따른다는 것을 말이다. 그래서 그녀는 그 똑똑한 이들을 이렇게 미리 위로했고 또한 희망의 메시지도 선물한 것이다. 누구든 살아가면서

하게 되는 실수를 통해 가르침을 얻고, 지금 겪는 고통은 나를 더 나은 미래로 이끌어주는 보약이자 힘이라면서…. 즉, 더 나은 미래는 한꺼번에 갑자기 대박을 치면서 오는 것이 아니라 하나둘씩 차례차례 온다고….

03 테레사 수녀

"저는 우리 가난한 사람들을 위해 청빈을 선택합니다. 그러나 배고프고 벌거벗고 집이 없으며, 신체에 장애가 있고 눈이 멀고 병에 걸렸으며, 사회로부터 돌봄을 받지 못하고 거부당하며, 사랑 받지 못하고 사회에 짐이 되며, 모든 이들이 외면하는 그런 사람들의 이름으로 이 상을 기쁘게 받습니다."

이 말은 테레사 수녀가 1979년 노벨 평화상을 수상하면서 우리에게 준 '선물의 메시지'이다. 역시 봉사의 성취를 위해 목숨을 다한 분의 말씀이다. 그녀가 간절한 바람으로 이루어낸 봉사의 삶은 현실적인 것과 초월적인 것을 조화시킨다. 즉, 실용적이면서도 통찰력이 있고, 상처 입기 쉬우면서도 강하다.

테레사 수녀는 1910년 현재 북마케도니아의 수도인 스코페에서 태어났다. 어릴 적부터 몸이 약했으나 우등생이었던 그녀는, 신앙심이 깊은 어머니의 영향으로 성모 수녀원에 입회 후 종신 서원을 한다. 즉, 평생 수녀로 살기로 결심한 것이다. 수녀가 된 후 처음에는 교사로서 활동했으나, 피정(가톨릭교회의 영적 수련)을 위해 기차를 타고 가다가 "약자들을 도우라"는 주님의 말씀을 들었다. 그래서 속성으로 간호학을 공부한 뒤 길거리로 나가서 노숙자들을 불러와 먹을 것을 주고 돌보는 일을 시작했다.

테레사 수녀의 봉사 목표는 '죽어가는 사람들이 혼자 있게 내버려두지 않을 것'이었다. 단순한 수도자가 아니라 개척 정신을 가진 열정의 선교자였던 그녀는, 인도의 캘커타에서 1997년에 사망할 때까지 길거리로 나와서 죽어가는 사람들을 돕는 데 일생을 바쳤다. 고작 152센티미터의 작은 키와 허약한 몸을 가진 테레사 수녀의 봉사의 삶은 많은 이들에게 감동을 주었고, 따라서 '살아 있는 성녀'라 불리게 되었다. '거룩함은 모든 사람의 의무'라는 테레사 수녀의 말씀이 우리의 가슴을 울린다. 지금 당신에게 묻고 싶다.

과연 당신은 어떠한 여성이 되고 싶은가?
무엇이 당신을 살아있게 하는가?

자신의 내면의 소리를 잘 듣고, 그 안에서 들리는 간절한 바람을 발견하고, 그 길을 위해 한 걸음씩 나아가면서 거룩하게 되려고 애쓸 때, 우리는 어느새 왕가리 무타마타이, 오프라 윈프리, 테레사 수녀처럼 물질이 줄 수 없는 매력적 성취와 가치 있는 삶을 살게 되리라.

02

결정력과 인내심을 가져야 하는 당신에게

해야 할 일을 미뤄본 적이 있는가? 미국의 세계적 성공학 연구자 나폴리언 힐은 "결정의 반대말이 미루기다!"라고 주장했다. 즉, 성취를 하려는 과정에서 반드시 맞닥뜨리게 되는 적, 그것은 '미루기'이다.

성공한 여성들 중 대부분은 확고한 자기 결정을 하면 곧바로 행동에 옮긴다. 명확하게 결정하려면 용기가 필요하고, 또한 그 용기를 가지고서 행동하는 것이다. 그래서 자신의 결정을 실천했던 여성들을 소개한다. 말랄라 유사프자이와 에멀린 팽크허스트가 바로 그녀들이다.

말랄라 유사프자이는 1997년 파키스탄에서 태어난 여성교육 운동가이자, 최연소 노벨 수상자다. 그리고 '탈레반 피격 소녀'로 불린다.

유사프자이가 살던 파키스탄 북부는 2007년부터 무슬림 극우 테러조직인 탈레반의 지배하에 들어가 있었다. 탈레반은 그들이 미군에 의해 쫓겨나기 전까지 아프가니스탄에서 그랬던 것처럼 여자아이들에 대한 교육을 금지했다. 그러나 유사프자이는 탈레반에 맞서 용감하게 '여성의 교육권 및 여성 인권' 관련 운동을 했다. 진보적 교육자이자 자식들을 성별로 차별하지 않았던 아버지의 가르침 덕분이었다. 유사프자이는 2009년부터 영국 BBC 방송의 블로그에 탈레반에게 억압 받는 현실을 기고하는 등 국제적으로 적극적인 활동을 펼쳤다. 그러자 탈레반은 2012년 학교에서 돌아오던 그녀의 머리를 총으로 쐈다.

다행히 영국 병원으로 이송된 유사프자이는 기적적으로 목숨을 건졌다. 그 뒤에도 그녀는 탈레반더러 보라는

듯이 용감하게 여성 교육 운동을 지속했고, 파키스탄 정부
는 '교육권리법'을 통과시켰다. 이렇듯 여성의 인권이 낮은
파키스탄 등 무슬림 사회에서 유사프자이의 영향력은 지
금도 상당하며, 2014년에는 노벨 평화상을 수상하기에 이
른다.

"So here I stand, one girl, among many.

I speak, not for myself,

but for those without a voice can be heard.

Those who have fought for their rights;

Their right to live in peace,

their right to be treated with dignity,

their right to equality of opportunity,

their right to be educated.

그래서 제가 여기 섰습니다, 많은 이들 중 한 소녀로서 말
이지요.

저는 제 자신을 위해서가 아니라,

들릴 수 있는 목소리가 없는 이들을 위해 목소리를 냅니다.

그들의 권리를 위해 싸우는 사람들을 위해서요.

그들도 평화롭게 살 권리,

인간으로서의 존엄성을 인정받을 권리,

평등한 기회를 가질 권리,

교육 받을 권리를 위해서요."

"We will continue our journey, to our destination of
peace, and education.

No one can stop us.

We will speak up for our rights,

and we will bring change to our voice.

We believe in the power, and the strength of our
words.

우리는 우리의 평화와 교육의 종착점을 향해 계속 나아갈
것입니다.

누구도 우리를 막을 수는 없습니다.

우리는 우리의 권리를 위해 목소리를 낼 것입니다,

그리고 변화를 이끌어낼 것입니다.

우리는 우리의 말에 담긴 힘과 역량을 믿습니다."

이것은 「말랄라 유사프자이의 UN 연설」 중 한 대목
이다. UN은 유사프자이가 이 연설을 한 날을 '말랄라의
날'로 지정했다. 아울러 유사프자이는 문맹과 빈곤과 테러
에 맞서 싸워야 하며, 전 세계가 어린이들을 위한 무상 의

무교육을 해야 한다고 촉구했다.

"총보다는 책!"을 외치는 한 소녀의 외침은 무시무시한 테러리스트들이자 '최악의 수구꼴통 집단'인 탈레반에 "책을 든 소녀를 무서워하라!"는 결연한 의지를 보여준 셈이다. "가만히 침묵하다가 죽든지, 아니면 당당히 발언하고 죽든지, 둘 중 선택해야 했기에 차라리 후자를 선택했다!"고 말랄라 유사프자이는 외친 것이다.

이렇듯 우리가 어떤 결정을 하느냐에 따라 우리의 삶도 달라질 수 있다.

02 에멀린 팽크허스트

"여성은 이제껏 남성을 위해서, 자식을 위해서 싸웠어요. 그런데 지금은 전엔 한 번도 해보지 않았던 일, 즉 자신을 위해 싸울 준비를 하는 중입니다! 인권을 위해서 말이죠. 이제 우리의 진정한 투쟁이 시작된 겁니다!"

평생 여성의 참정권 확보를 위해 끊임없이 싸웠고, 가난과 무지 또한 뿌리 뽑기 위해 활동한 에멀린 팽크허스트를 소개하겠다. 미국 시사주간지 《타임》은 그녀를 '20세기의 가장 영향력 있는 100명' 중 한 명으로 꼽았다. 팽크허스트는 영국의 급진적 여성참정권 운동을 이끌었던 시민운동가였기 때문이다.

에멀린 팽크허스트는 1858년 영국 맨체스터에서 태어났다. 그녀의 집안은 노예제 폐지 같은 정치 활동으로 명성이 높았다. 그래서 어릴 때부터 자연스럽게 집안의 영향을 받으며 성장했다. 또한 여성참정권 운동을 지지하는 변호사 리처드 팽크허스트와 결혼하면서 그녀의 정치 활동은 더욱 활발해졌다.

에멀린 팽크허스트는 여성도 남성과 동등한 시민권을 누릴 자격이 있다는 신념을 가지고 있었다. 그래서 여성사회정치연합(WSPU)를 설립하고, 여성들이 투표권을 얻는 걸 보기 위해 '말만 할 것이 아니라 죽을 각오로' 유리창 깨기, 사유지 공격, 감옥에서의 단식 투쟁을 대중화했다. "여성은 비루한 인간이다. 그러니 인권을 요구할 수 없다"는 사고방식이 일반적이던 시대였던지라 그녀의 활동은 달걀로 바위 치기와 다를 게 없어 보였다.

급진적 여성인권운동가였던 팽크허스트는 자신이 옳다고 믿는 것을 실현시키기 위해 흔들림 없이 앞으로 나아갔다. 결국 영국을 비롯한 각국의 남성 정치가들도 그녀의 주장에 관심을 기울이기 시작했다. 게다가 제1차 세계대전이 발발하자 팽크허스트는 당시 영국 정부의 제의를 받아들여 여성들이 군대에 간 남성들을 대신해 농업과 공업 분야에서 열심히 일하도록 독려했다. 마침내 전쟁이 끝나던 1918년 영국 여성들도 남성들이 가진 것과 비슷한 수준의 참정권을 획득했다.

이후에도 여성들의 사회적 권리 신장 등을 위해 노력한 팽크허스트는 1928년에 주어진 소명을 다하고 세상을 떠났다. '참정권(Suffrage)'을 어원으로 하는 '여성선거권론자(Suffragette)'라는 단어는 여성들이 참정권을 확보하게 된 지 100년이 지난 현재 여성인권운동가들을 가리키는 단어가 되었다.

당신은 결정하기를 주저하는가? '내가 목표로 하는 그 일은 충분히 가치가 있다!'고 확신한다면 지금 당장 행동으로 옮기도록 결심하라!!! 미루지 말자!!!

03

상상력을 가져야 하는 당신에게

황금으로 만들었다는 왕관에 불순물이 섞였는지 알아내려다 지쳐 목욕을 하던 중 이를 파악할 부력의 원리를 발견하고 "유레카(Eureka, 알았다)!"를 외쳤던 아르키메데스처럼, 당신도 기발한 아이디어가 떠오른 적이 있는가? 영국 시인 겸 소설가 L. E. 랜던은 "상상력은 풍선에 가스를 집어넣고, 그 풍선을 하늘로 날려 보내는 것을 사랑하는 것입니다"라고 말했다. 상상력은 삶에서 대단한 역할을 하며, 인간만이 가지고 있는 특별한 능력이다. 상상력을 발명의 원천으로 삼아 성취와 성공을 이룬 여성들을 소개한다. 조앤 캐슬린 롤링과 스테파니 쿠올렉, 마담 C. J. 워커가 바로 그녀들이다.

01 조앤 캐슬린 롤링

"세상을 바꾸는 데 마법은 필요 없다. 우린 이미 세상을 바꿀 힘을 갖고 있으니까"라고 『해리 포터와 마법사의 돌』 시리즈의 작가 조앤 캐슬린 롤링은 말한다. 21세기의 가장 성공한 작가 중 한 명인 그녀는 세계에서 가장 많이 팔린 『해리 포터와 마법사의 돌』 시리즈로 대성공을 거둬 억만장자가 되었다.

1965년 영국 글로스터셔 주의 소도시 예이트의 중하류층 가정에서 태어난 롤링은 어릴 적부터 친구들과 마법사 놀이를 하는 등 이야기를 짜내는 것에 관심이 많았다고 한다. 1991년에 포르투갈에서 영어 교사로 취업하고 이듬해에는 결혼을 했으며, 또 이듬해에는 딸을 낳았지만 바로 그 해에 이혼하고 싱글맘이 되었다. 딸과 함께 영국으로 돌아온 롤링은 제대로 된 수입이 없어서 매주 지급되는 생활보조금 70파운드(한화 약 10만 원)로 근근이 먹고 살았다. 딸에게 줄 분유가 없어서 맹물만 먹여야 했던 적도 있으며, 자신도 굶는 일이 허다했다고 한다.

절망 속에서 꽃이 피고, 희망은 시련을 겪어야만 이루어진다. "헝그리 정신이 성공으로 가는 지름길이다!"라는 말도 있지 않는가. 롤링은 빈곤한 생활을 하면서도 글쓰기를 멈추지 않았다. 워드프로세서는커녕 타자기조차 없어서 오직 손으로 글 쓰고 또 쓰면서 현실의 고통을 감내했다. 더군다나 당시 영국의 출판사들은 그녀의 원고를 출간해주는 걸 거절했다. 그럼에도 불구하고 계속 시도한 끝에 드디어 그녀의 원고를 알아본 출판사에서 500부만 찍는 조건으로 출판했다. 결과는 어땠을까? 알다시피 초대박!!!

롤링은 밑바닥이 자신의 삶을 다시 세우기 위한 견고한 토대가 되었다고 생각한다. 그래서 성공한 후에도 늘 자신의 초라했던 출발점을 잊지 않고 있다. 초심을 잃지 않았던 것이다. 그녀는 영국의 빈곤 퇴치 기금 모금 단체인 코믹 릴리프(Comic Relief), 한 부모 가정 지원 단체인 진저브레드(Gingerbread), 그리고 동유럽 어린이들을 보호하기 위해 롤링이 직접 만든 자선단체인 루모스(Lumos) 등을 지원하고 기부하며 선한 영향력을 펼치고 있다. 역시 멋진 억만장자 작가가 아닌가!!! 특히 코로나19 사태가 발발한 2020년에는 가정폭력 피해자들과 노숙자들에게 100

만 파운드(한화 약 16억 원)를 기부했다고 한다.

"딸에게 신발 한 켤레 사주지 못해서 정말 미안했기에, 이제는 맞는 신발을 살 수 있어 너무 행복하다"고 말할 정도로 소박하고 가난한 작가였던 롤링은, 지금은 억만장자이며, 대영제국 훈장까지 받았다. 그야말로 인생의 승리자가 되었다. 이렇듯 무언가를 간절히 바라면서 마음속으로 그것을 상상해보라. 그러한 상상력은 무엇이든 만들어낼 수 있으니까! 즉, 열정적인 상상력만 있으면 못해낼 것이 없다!!! 당신도 꿈을 현실로 이끌어보자!!!

02 스테파니 쿠올렉

작가뿐만 아니라 발명가도 창조적인 상상력으로 사회를 혁신시킨다. 특히 여성 발명가이자 미국 화학자인 스테파니 쿠올렉은 상당히 주목할 만하다. 스테파니 쿠올렉은 고강력 섬유인 케블라(Kevlar)를 개발했다.

케블라는 주로 방탄모와 방탄복 등 군대나 경찰에서

많이 사용된다. 전쟁터나 범죄 현장에서 포탄의 파편이나 총알을 막아내어 인명 피해를 줄이고, 주요 인사를 암살에서 보호하는 혁신적인 신소재인 것이다. 미국의 대표 화학 기업인 듀폰에서 쿠올렉이 1971년에 아라미드 섬유를 기반으로 개발한 케블라는, 가벼우면서도 나일론보다 질기고 철보다 다섯 배 이상 강하다. 불에도 잘 견딘다. 방탄복은 물론 오토바이 운전자를 위한 헬멧, 건축자재, 타이어, 연료탱크, 심지어 스피커 등에도 활용된다.

쿠올렉은 폴란드에서 이민 온 가정에서 1923년 태어났다. 그녀에게 과학에 대한 관심을 심어준 아버지는 그녀가 10살 때 사망하고, 그녀는 어머니의 권유로 의사가 되기 위해 공부했다. 1946년 카네기-멜런 대학에서 화학 전공으로 이학사 학위를 받고 듀폰에 입사했다. 이는 의학 공부를 위한 돈을 마련하기 위해서였지만, 어느덧 화학 분야에 매료되면서 그대로 듀폰에 남기로 했다.

듀폰에서 40년 이상 과학자이자 발명가로 근무하면서 뛰어난 기술적 성과로 수십억 달러의 수익을 올려준 쿠올렉은, 듀폰으로부터 '라부아지에 메달(Lavoisier Medal)'을 받았다. 또한 관련 특허를 28개나 출원하는 등 고분자 화학 분야에서 올린 공로를 인정받아 '국가 기술 메달', 'IRI 공로상', '퍼킨 메달(Perkin Medal)' 등도 받았다.

성취를 지향하는 당신, 스테파니 쿠올렉이 해준 당부의 말을 들어보자.

"누군가의 생명을 구하는 것과 같은 일은 당신에게 만족감과 행복을 가져다줄 겁니다."

03 마담 C. J. 워커

흑인의 머리카락은 아프리카의 뜨거운 기후에 적응하면서 점점 두꺼워지고 곱슬곱슬해졌다고 한다. 그런데 미국에는 흑인의 이런 머리카락에 대한 편견과 차별의 문화가 존재했다. 그래서 흑인 여성들은 가발이나 매직파마로 자신의 원래 헤어스타일을 숨기려 한다. 이 와중에 흑인 여성의 아름다움과 자존심을 살려주기 위해 노력한 사람이 있었으니, 그녀가 바로 마담 C. J. 워커다.

마담 C. J. 워커는 '자수성가한 첫 번째 흑인 여성 재벌'이다. 마담 워커는 1867년 루이지애나 시골 마을에서 노예 출신 부모에게서 태어났다. 어렸을 때 이름은 새라 브리들러브였다. 남북전쟁이 링컨 대통령의 승리로 끝난 1865년 노예제도가 폐지되었음에도, 미국에 사는 흑인들의 삶은 극도로 어려웠다. 새라는 백인들을 위해 빨래를 하는 어머니와 언니를 도와야만 했다. 7살 때 새라는 콜레라로 부모님을 잃었다. 이렇듯 열악한 환경에 놓이다 보니 그녀가 받은 교육이라곤 3개월 동안 주일학교에서 읽기와 쓰기를 배운 게 전부였다.

마담 워커는 10살 때 결혼한 언니를 따라 미시시피 주의 빅스버그로 이사했다. 형부의 모진 학대를 당하던 새라는 불과 14살 때 모세스 맥윌리엄스와 결혼했다. 이들은 결혼 3년 만에 딸을 낳았지만, 새라의 불운은 여기서 멈추지 않고 2년 뒤 불의의 사고로 남편 맥윌리엄스가 죽고 말았다. 새라는 계속 되는 비극에도 굴하지 않고 미주리 주의 세인트루이스로 이사했다. 세탁부의 임금이 더 높다는 말을 들어서였다. 그리고 겨우 1달러를 벌기 위해 하루 종일 옷을 빨았다.

새라는 "차별에서 해방되려면 배워야 한다!"며 각오를 다졌다. 그래서 낮에는 세탁부로 일하고, 밤에는 야간학교에 가서 공부했다. 이 와중에 새라의 머리카락에 문제가 생겼다. 머리카락이 건조하고 잘 부러지는데다 탈모마저 생긴 것이다. 그 문제를 해결하려고 다양한 제품을 써봤지만 효과가 없었다. 그때 새라에게 이런 생각이 떠올랐다.

"머리카락을 건강하게 해주는 제품을 개발하면 돈도 벌 수 있겠구나!"

37세 때 새라는 옷을 빠는 데서 아이디어를 얻어 바셀린과 설파제 등을 합성해 모발과 두피를 보호하는 제품을 만들었다. 그 제품은 놀랍게도 그녀의 머리카락이 새로 나게 해준 것은 물론, 곱슬머리도 펴지게 했다. 그래서 새라는 얼마 안 되던 돈이나마 몽땅 털어 작업장을 만들고, 자신이 개발한 약물을 병에 담아 팔기 시작했다. 결과는 예상대로 대박!!! 사업을 시작하고 얼마 뒤에는 직원이 3천 명이나 될 정도로 급속히 성장했고, 재혼도 했다. 이름도 세련되어 보이는 '마담 C. J. 워커'로 바꿨다.

마담 워커는 미국 전역에 이름이 알려진 큰 재산가가 되었다. 그녀는 노블레스 오블리주(noblesse oblige) 정신에 따라 자신의 재산을 다른 사람들과 나누었다. 마담 워커는 "제 인생의 목표는 단순히 저 자신을 위해 또는 저 자신만 쓰기 위해 돈을 버는 것이 아니라, 그 돈 중 일부를 다른 사람들을 돕는 데 쓰는 것입니다"라는 철학을 가지고 있었다. 그래서 흑인의 권익 향상을 위해 싸우는 '전국 유색인종 발전 협회'와 교회, 문화단체 등에 많은 도움을 주었고, 흑인 예술가들과 작가들도 후원했다.

불과 51세였던 1919년에 신부전으로 사망한 마담 워커는, 평생 자신의 불운을 저주하며 비관하지 않고 상상력을 발휘해 창의적인 미용 제품을 만들었고, 이로써 대기업을 일궈냈다. 진짜로 뭉클하지 않은가!!!

04

전문성이 필요한 당신에게

"당신이 모든 일을 할 줄 알려고 한다면 그중 어떤 일에서도 전문가가 되기 어렵다"는 말이 있다. 즉, 우리가 원하는 삶을 살려면 한 분야만 파고 들어가서 특화된 전문 지식을 쌓아야 한다는 말이다. 전문적인 지식을 잘 습득하고 효율적으로 활용함으로써 성공한 여성을 소개한다. 줄리 스위트, 샐리 크리스틴 라이드, 제인 모리스 구달이 바로 그녀들이다.

01 줄리 스위트

2020년 기준 미국 재계에서 가장 영향력 있는 여성 중 한 명이 바로 줄리 스위트다. 미국 대형 로펌 '크래버스

스웨인 앤드 무어' 출신인 그녀는 세계 최대 컨설팅업체 액센츄어(Accenture PLC)의 북미 지역 사업 CEO(최고경영자)이다. 1989년에 설립된 액센츄어는 클라우드·디지털 보안 전략 전문 경영 컨설팅 회사로, 120여 개국에서 40여 개 산업에 대한 컨설팅을 하고 있다. 또한 51개국에 50만 명 이상의 직원이 있으며, 2019년에는 432억 달러의 매출을 기록했다.

스위트는 "다양성이 없다면 혁신적 사고도 할 수 없다"면서 조직 내 다양성 강화에 중점을 두었다. 또한 "평등한 기업문화가 기업의 생산성을 높인다"는 신념을 가지고서 인종차별과 성 불평등을 줄이는 데 크게 기여했다. 그녀의 열린 사고는 다음의 말에서도 알 수 있다.

"미국 흑인 가정의 3분의 1이 인터넷에 접속할 수 없습니다. 이 같은 상황이 취업과 교육에 미치는 영향은 막대하지요. 모든 사람이 인터넷 접속으로 전자상거래와 원격업무를 할 수 있도록 평등한 기반을 제공해야 합니다."

이렇듯 스위트는 업무 중 99%가 클라우드 기반으로

이루어지도록 했다. 아울러 직원들이 동일한 플랫폼에서 근무할 수 있도록 기업 시스템을 디지털화했다. 이미 최근 기업들의 화두는 단연 '디지털 혁신'이다. 코로나19 사태로 전 세계 경제가 요동치는 것을 계기로 재택근무와 화상회의 같은 원격업무 시스템을 도입하는 등 업무의 디지털화가 이루어지고 있기 때문이다.

스위트는 '디지털의 진정한 의미는 업무 방식과 의사 결정, 고객과 소통하는 방법 등을 새롭게 하는 것'이라는 철학을 갖고 있다. 따라서 디지털화로 업무·참여·결정 방식 등을 모두 혁신함으로써 기존 회사의 상명하복 시스템을 다양성 있고 수평적인 시스템으로 바꾸었다. 특히 코로나19 사태로 언택트(untact, 비대면) 환경이 일반화되자 전 세계 노동자들이 원격업무를 할 수 있도록 디지털기술과 전문 지식을 적극 활용할 수 있게 했다. 결과적으로 그녀가 담당한 북미 지역 사업 부문은 액센츄어가 달성한 전 세계 매출의 거의 절반을 차지했다.

스위트는 1966년에 미국 캘리포니아 주의 작은 마을인 투스틴에서 태어났다. 아버지는 중학교만 졸업한 뒤 생계를 위해 그림을 그렸고, 어머니는 미용사였다. 지독하게 가난했지만, 부모님은 "배워야 한다!"는 말을 입버릇처럼 했다. 철이 빨리 든 스위트는 돈을 벌기 위해 14살 때부터 아르바이트를 했다. 한 가게에서 일을 배우며 업무의 중요성을 인식한 그녀는, 장래에 변호사가 되겠다고 결심했다.

컬럼비아 대학 로스쿨에서 공부한 스위트는 크래버스 스웨인 앤드 무어에 입사했고, 1841년 설립된 이 유서 깊은 로펌의 역사상 아홉 번째 여성 파트너가 되었다. 금융과 기업 인수·합병(M&A), 기업 자문 등의 분야에서 경력을 쌓은 그녀는, 2010년에 액센츄어로 이직했다. 그리고 5년 만에 성과를 인정받아 북미 지역 사업 CEO로 승진했다. 가난했던 소녀가 성공을 위한 꿈을 키워 변호사가 되더니, 마침내 세계 최대 컨설팅 회사의 수장이 된 것이다. 그리고 지금은 미국 재계에서 가장 영향력 있는 여성이 되었다!!!

02 샐리 크리스틴 라이드

1983년 6월 18일 미국 우주왕복선 챌린저호가 플로리다 주의 케이프 커내버럴 우주기지에서 발사됐다. 이때 챌린저호에 탑승한 우주인은 다섯 명, 그중에는 미국 최초의 여성 우주인 샐리 크리스틴 라이드도 있었다. 수많은 사람들의 관심을 받으며 우주로 날아갔던 라이드는, 우주 비행사로서 그리고 물리학자로서 우주 개발과 과학 교육에 큰 기여를 했으며, 특히 여자아이들에게 큰 용기와 영감을 불어넣어준 여성 과학자다.

1951년 캘리포니아 주 로스앤젤레스에서 태어난 라이드는, 스탠포드 대학에서 천체물리학과 자유전자 레이저 연구로 석·박사 학위를 받았다. 지루하던 학교생활에서 벗어나고 싶던 라이드는, 어느 날 학교 신문에서 우주인 지원자를 모집한다는 미 항공우주국(NASA)의 신문 광고를 봤다. 그 순간 그것이 바로 자신이 원하는 일이라고 생각한 라이드는 즉각 지원서를 냈다. 25명을 뽑는데, 지원자는 무려 8천여 명! 엄청난 경쟁을 뚫고 라이드는 우주인 훈련생으로 선발되었다.

당시 32세였던 라이드는 가장 젊은 미국 우주비행사였다. 그리고 챌린저호가 발사되던 1983년 6월 18일, 우주 기지에 몰려든 수많은 사람들은 라이드의 이름이 적힌 티셔츠를 입고서 그녀를 응원했다. 얼마나 짜릿하고 흥분되었으면 그랬을까? 남성들도 쉽지 않는 무중력 상태에서의 생활, 낙하산 훈련, 수중 훈련 등을 거뜬히 해낸 멋진 여성이었다.

라이드는 총 약 148시간 동안 우주를 비행했고, 1987년에 우주비행사 활동을 은퇴했다. 그녀는 캘리포니아 대학교 샌디에이고 캠퍼스(UCSD)의 물리학 교수 겸 캘리포니아 우주연구소 소장으로 활동했다. 또한 어린 학생들의 우주과학 교육에 많은 노력을 기울였다. 2001년에는 특히 여학생들을 대상으로 하는 과학 프로그램과 출판물을 제작하는 '샐리 라이드 과학재단'을 공동설립하고 소장으로도 재직했다. 그녀는 "우주 분야에서 여성들이 일할 수 있는 기회는 많습니다. 여성들에게는 과학적 기반 위에서 꿈을 이룰 수 있도록 지원과 격려와 멘토가 필요합니다!"라고 말했다.

우주과학 발전을 위해 적극적인 활동을 하던 샐리 크리스틴 라이드는 췌장암 진단을 받고 얼마 뒤인 2012년 7월 23일 61세로 우주의 별이 되었다. 버락 오바마 대통령은 그녀가 사망한 후 일반인에게 주는 가장 높은 훈장인 '대통령 자유훈장'을 추서하면서, "어린 소녀들이 별에 닿을 수 있도록 영감을 불어넣어준 분"이라고 샐리 크리스틴 라이드를 높이 칭찬했다.

우주비행사가 되기 위해서는 우주에 대한 지식은 물론 우주의 극한 환경에서 버티기 위한 체력적 조건도 갖춰야 한다. 이보다 더 존경스러운 점은 성 차별이 지금보다도 더 심했을 시절에 여성을 비하하는 말 등에 따른 스트레스를 극복했다는 것이다. 그럼으로써 샐리 크리스틴 라이드는 남성과 대등한 위치에서 임무를 수행한 '최초의 여성 우주인'이 되었다. 우리도 전문 지식을 기반으로 활력과 호기심, 지식과 열정, 헌신 그리고 사랑으로 가득한 삶을 살아보자!!!

03 제인 모리스 구달

미국 소설 『타잔』을 읽으면서 "타잔의 애인인 제인보다 내가 더 잘할 수 있을 텐데…"라고 생각할 정도로 밀림을 동경한 여성이 바로 제인 모리스 구달이다. 그녀는 영장류 전문 동물학자이자 환경운동가로서, 야생 침팬지를 자연 서식지에서 연구하는 선구자로서, 그리고 아프리카 동쪽의 나라 탄자니아에서 40년 넘게 침팬지와 생활하며 획기적인 사실을 밝혔다. 그래서 '침팬지의 어머니'로 불린다.

제인 모리스 구달은 1934년 4월 3일 영국 런던의 중산층 가정에서 공학자인 아빠와 소설가인 엄마 사이에서 태어났다. 10살 되던 해에 제인은 아프리카에 가서 동물들과 함께 살기를 꿈꾸었고, 23세 때에는 아프리카로 가는 배에 올랐다. 고생물학자이자 인류학자인 루이스 리키 박사의 조수로 고용된 덕분이었다.

구달은 고생물학자가 될 수도 있었지만, 죽은 동물들보다 살아있는 동물들에 더 관심이 있었다. 그래서 1965년에 케임브리지 대학에서 동물행동학 박사 학위를 받은 뒤 탄자니아의 곰베 천(川) 국립공원(Gombe Stream National Park)에서 지금도 계속 연구 활동을 진행 중이다.

구달은 동물들도 각각 개성과 감성을 가지고 있다는 신념을 가지고 있기에, 곰베 천 일대에 사는 침팬지들에게 모두 이름을 붙여주고서 연구하고 있다. 구달의 연구 목표는 살아있는 모든 생명체들에게 좀 더 좋은 환경을 만들어줄 각 개인의 힘을 키우는 것이다. 구달은 코로나19 사태의 원인을 동물 학대에서 찾고 있다. 그래서 '침팬지의 엄마'는 우리의 엄마처럼 이렇게 잔소리한다.

"우리가 숲을 파괴하면 숲에 있는 여러 종의 동물이 우리 근처에서 살아갈 수밖에 없습니다. 그 결과 질병이 한 동물에서 다른 동물로 전염되지요. 그리고 이렇게 병이 옮은 동물이 다시 인간과 접촉하면서 인간을 감염시킬 가능성이 커집니다. … 우리는 자연계의 일부입니다. 그러니 자연을 파괴하는 일은 우리 아이들에게서 미래를 훔치는 일임을 깨달아야 합니다!"

생물학적으로 여성에게 주로 존재하는 보호본능, 그리고 지적 능력과 전문성을 키워서 고통 받는 생명체를 돌보며 환경을 위해 평생을 헌신하는 여성 제인 구달. 그녀는 인간만이 마음과 감정을 지닌 유일한 존재가 아니라면서 '또 하나의 영장류'인 인류에게 겸손을 가르치고 있다.

영장류를 연구하다가 '인간과 동물의 공존'이 우리 사회가 고민해야 할 가치임을 깨달은 구달. 그래서 환경운동가로 거듭난 그녀의 연구와 활동은 지구상의 생명체들이 네트워크화되어 서로 의존하고 있음을 또렷하게 전해준다. 모성애 그리고 침팬지에 대한 애정이 특별히 많았던 어린 소녀 구달은, 동물학자가 되고 환경운동가가 되었다. 이는 무려 120여 개국에서 활동하는 청소년 환경운동 단체 네트워크인 '제인 구달의 뿌리와 새싹'이라는 꽃을 피웠다.

자, 우리가 살아가고 있는 이 지구라는 별에 변화의 씨앗을 뿌리는 여성 제인 구달을 따라가자!!! 그리고 우리도 끝나지 않을 희망의 여정을 걸어가자!!!

05
계획을 철저히 세워야 하는 당신에게

　　당신은 어떻게 사는 게 잘사는 것이라고 생각하는가? 어쩌면 균형 잡히고 정리·정돈이 잘된 삶이 잘사는 삶이 아닐까? 시간을 효율적으로 분배하고, 감정을 잘 배분하며. 이미 결정해둔 큰 전략 안에서 모든 사물과 사람에 대해 단기적·장기적인 균형감을 가지는 것이 아닐까? 물론 '뜨거운 가슴과 냉철한 머리'는 필수적이다. 특히 현대를 살아가는 우리 여성들에게는 더더욱 그렇다!!! 그래서 "하루하루를 어떻게 보내느냐에 따라 인생이 결정 된다"는, 퓰리처상을 받은 미국 수필가 에니 달라드의 말처럼 명확한 목표를 세우고서 계획을 철저히 실천한 여성들을 소개한다. 인드라 크리슈나무리 누이와 메리 케이가 바로 그녀들이다.

코카콜라를 꺾은 당찬 '엄마 CEO' 인드라 크리슈나무리 누이에 대해 들어본 적이 있는가? 한 여인이 혜성처럼 등장해서 100년 만의 역전 드라마를 만들어냈다. 그녀의 이름은 인드라 크리슈나무리 누이다.

인드라 크리슈나무리 누이는 코카콜라의 아성에 눌려 만년 2등이던 펩시콜라를 1등이 되게 만든 인도계 미국인 기업인으로, 펩시콜라를 생산하는 펩시코의 CEO 겸 회장이다. 1955년 인도 남부 첸나이의 중산층 가정에서 태어난 그녀는, 마드라스 크리스천 대학에서 화학을 전공했다. 그리고 인도 경영대학원(IIM)에서 경영학 석사(MBA)를 취득했다.

누이의 어머니는 교육을 받지 않았고 직장도 없는 평범한 가정주부였다. 하지만 두 딸이 원하는 것을 계획을 철저히 세우고서 성취해가는 모습을 보고 싶어 했다. 그래서 누이의 어머니는 매일 두 딸에게 "앞으로 뭐가 되고 싶니?"라고 물었고, 가장 좋은 꿈을 말한 아이에게 상을 주었다. 이러한 교육은 "원하면 무엇이든 할 수 있다"는, 즉 '성취에 대한 자신감 확보'로 이어졌다.

누이는 대학 졸업 후 인도에서 직장생활을 하다 1978년 미국으로 가서 예일 대학 경영대학원에서 다시 MBA를 취득했다. 그 뒤 보스턴 컨설팅 그룹과 모토로라 등에서 전략기획 분야를 담당하며 꿈을 실현해나갔다. 미국에서 태어나지도 않았고 자라지도 않은, 인도에서 대학을 나온 전형적인 인도인인 그녀가 어떻게 그런 기적 같은 드라마를 쓸 수 있었을까? 누이는 "인도 여자로 태어나 자란 경험이 오히려 성공의 밑거름이 되었습니다"라고 말했다. 이 말을 덧붙이면서….

"여자로, (미국 기준으로) 외국인으로 태어난 이상 그 누구보다도 더 영리해져야 하니까요."

누이는 2006년 10월 펩시코 최초의 여성 CEO가 되어 유리천장을 깨뜨렸다. 그때까지 누이는 부사장 겸 최고재무책임자(CFO)로서 펩시코의 매출을 80% 이상, 주가를 78%나 상승시켰다. 'CNN 머니'는 백인 여성이 유리천장에 부딪히는 동안 유색인종 여성은 콘크리트천장에 직면한다고 했다. 하지만 누이는 콘크리트천장을 뚫은 유색인종 여성 CEO인 것이다.

누이는 자신을 '엄마이자 아내'라고 먼저 소개한다. 직장생활을 잘하려면 무엇보다 가족과의 생활 및 개인생활이 중요하다는 그녀는, 실제로 직원들에게 "펩시의 직원이기 이전에 엄마이거나 아빠임을 먼저 깨우치십시오! 일보다 가족을 먼저 생각하세요!"라는 조언을 아끼지 않는다.

코카콜라에 밀려 내리막길을 걷던 펩시콜라를 100년 만에 멋지게 부활시킨 여인 인드라 누이! 인도 전통의상 사리(sari)를 입고 다니면서 자유분방하고도 단호하고, 진지하고도 논리적이면서 친화력까지 갖춘 철저히 계획된 태도를 보이는 그녀! 그리고 무모하게 정면승부를 시도하기보다는 우회하는 전략으로 비즈니스의 판을 뒤엎는 습관이 그녀를 성공으로 이끈 게 아닌가 싶다. 현실이 답답하고 앞이 보이지 않을 때 인도에서 온 펩시의 여인을 떠올려보자!!!

경력 단절로 인해 자신감마저 결여된 여성에게 역동적으로 살 수 있도록 용기를 심어준 회사가 있다? 바로 그회사가 메리케이(Mary Kay Inc.)이다. 이 회사의 창업자 메리 케이 애시를 소개하고자 한다.

도로 위를 달리는 '분홍색 차(Pink Car)'를 본 적이 있는가? 분홍색 차는 메리케이의 대표적인 보상 프로그램이다. 전 세계 35개국에서 성업 중인 메리케이가 각 나라의 뷰티 컨설턴트(총 350만 명)에게 제공하는 최고의 선물인 '달리는 트로피(rolling trophy)'가 바로 그 분홍색 차다.

메리 케이 애시는 1963년에 전 재산이기도 했던 자본금 5천 달러로 현재 세계에서 여섯 번째로 큰 네트워크 마케팅 회사인 메리케이 코스메틱을 설립하고, 또 성공시킨 여성이다. 메리케이 코스메틱은 2005년에 세계 3대 화장품 직판 회사로 등극했으며, 코로나19 사태가 한창이던 2020년에도 매출을 무려 30억 달러나 올렸다. 또한 권위있는 비즈니스지인 《포춘(Fortune)》이 선정한 '가장 일하고 싶은 100대 기업'으로 꼽히기도 했고, '여성을 위한 10대 우수기업'이라는 평도 받고 있다. 애시는 말 그대로 '신화'를 쓴 것이다.

애시는 "여성들에게 무한한 성공의 기회를 제공하자!"는 성공 철학을 갖고 있다. 이를 위해 그녀는 명확한 계획을 세운 다음 단기적·장기적 관점으로 특정한 목표를 향해 나아가라면서 다음과 같이 조언한다.

"포기하는 사람은 절대 승자가 될 수 없습니다. 그리고 승자는 절대 포기하지 않아요!"

사람을 잘 다루면 마법 같은 기적이 이루어지듯이, 애시는 "자신이 대우받기를 원하는 대로 다른 사람을 대하라"는 경영방침에 따라 회사를 운영했다. 내가 존중을 받고 싶으면 먼저 타인을 존중하는 애시의 리더십은 인간에 대한 근본적 사랑과 더불어 존중과 배려, 격려와 인정, 경청과 칭찬이라는 인간관계의 핵심에 기반을 두고 있다. 또한 높은 급여, 안정된 직업, 훌륭한 복리후생이 최우선이라 생각한 그녀는 직원들의 잠재력을 극대화하기 위해 노력

했었다.

애시는 1918년 미국 텍사스 주 휴스턴의 가난한 집에서 태어났다. 그녀의 어린 시절은 매우 불우하고 고단했다. 그녀가 7살이 되던 해에 아버지가 결핵에 걸려서 어머니가 가족의 생계를 책임져야 했다. 그래서 애시는 어린 나이에 집안일을 하면서 아버지도 간호해야 했다. 그녀는 공부를 제법 잘했지만 가정 형편 때문에 대학 진학을 포기하고 결혼하게 된다.

하지만 애시의 첫 번째 결혼은 실패했고, 그녀는 세 아이를 혼자 키워야 하는 고통스러운 싱글맘 시기를 보냈다. 하지만 그녀는 자신이 타자 치기, 즉석연설, 토론 등을 잘한다는 것을 깨닫고 새로운 삶에 도전했다. 그래서 '스탠리 홈 프로덕트'에 취직해 방문판매 경력을 쌓았다. 행운의 여신은 애시처럼 스스로를 관찰하고 끊임없이 노력하는 자에게 선물을 준다. 그리고 애시는 이 여신으로부터 바로 '영감(靈感)'이라는 선물을 받았다. 그녀는 방문판매를 하는 동안 "반드시 영업의 여왕이 되겠다!"고 다짐했다. 결과는 어땠을까? 명확한 목표를 세운 그녀는 철저한 계획에 따라 그 다음 해에 여지없이 '영업의 여왕'의 자리에 올랐다. 물론 간부로 승진했다.

1963년에 애시는 결혼 등으로 경력이 단절된 여성들에게 어디서든 찾을 수 없는 기회를 제공하자는 목적으로 메리케이 코스메틱을 설립했다. 그녀가 가장 중요하게 생각하는 존재는 첫째가 주님, 둘째가 가족, 셋째가 일이다. 즉, 에시는 『성경』에서 말하는 황금률(黃金律)을 실천함으로써 가난하고 고달픈 싱글맘에서 '『성경』이 만든 부자'가 된 것이다. 그래서 자선단체를 설립하여 유방암, 난소암·자궁암 등의 진단과 예방 및 치료를 위한 기금을 출연했으며, 여성에 대한 폭력 방지 기금 모금 활동도 활발히 했다.

애시 자신이 직접 여성들을 위한 '꿈의 회사'를 설립하겠다는 명확한 목표는 달성되었고, "여성의 삶을 풍요롭게 만들겠다!"는 비전도 소규모 직접 판매 회사였던 메리케이를 미국 최고의 네트워크 마케팅 회사로 발전시킨 밑거름이 되었다. 이제 당신도 용기를 내어 자신만의 목표를 만들고 단기적·장기적 계획을 세워 도전해보자!!!

김은주 박사(Ph. D KIM, EUNJOO)

고려대학교 석사와 이화여자대학교 박사 졸업 후, 심리학 전문가이자, 칼럼니스트로 활동하고 있다. 특히 상담가로서는 교류·분석·상담 치료에 관심이 있어, TA 상담사와 슈퍼바이저 자격을 보유하고 있다.

한양대학교, 고려대학교, 상명대학교, 동국대학교, 가천대학교 등 여러 대학교에 출강을 하면서 일상생활에서 일어나는 심리 현상을 관찰. 분석하였다.

심리학에 대한 지식과 정보를 알려줌으로써, 여러 사람들과 글을 통해 소통하고자 한다. 그래서 통찰을 통한 성장을 기대해 본다.

주요 저서로 "소비를 멈추니 내가 보이네", "PSYCHOLOGICAL EFFECT", "묻다", "희망은 반드시 시련을 품고 있다" 등이 있다.

이메일 sylvia67@hanmail.net

비로소 벗어나는 당신에게

초판발행	2022년 4월 3일
지은이	김은주
펴낸이	노 현
편 집	전채린
기획/마케팅	김한유
표지디자인	BENSTORY
제 작	고철민·조영환
펴낸곳	㈜ 피와이메이트
	서울특별시 금천구 가산디지털2로 53, 210호
	(가산동, 한라시그마밸리)
	등록 2014. 2. 12. 제2018-000080호
전 화	02)733-6771
f a x	02)736-4818
e-mail	pys@pybook.co.kr
homepage	www.pybook.co.kr
ISBN	979-11-6519-269-3 03180

* 파본은 구입하신 곳에서 교환해 드립니다. 본서의 무단복제행위를 금합니다.
* 저자와 협의하여 인지첩부를 생략합니다.

정 가   14,000원

박영스토리는 박영사와 함께하는 브랜드입니다.